Natural Leadership

from head to leader

WOLF LÜDGE

Profil des Autors

Wolf Lüdge war als Geschäftsführer in verschiedenen Unternehmen der grünen und der Markenartikelbranche tätig. Mehr als 10 Jahre hatte er die Funktion des Markenmanagers von hessnatur inne. Er gilt als unkonventionelle Führungskraft, deren Umgang mit Kollegen und Mitarbeitern von Konsequenz und Herzlichkeit geprägt ist. Wolf Lüdge ist ein Kumpeltyp, aber immer klar in der Sache.

Heute gibt der erfahrene Manager seine Expertise als Interims-Leader und als Leadership-Coach weiter.

❯ *www.luedge.com*

Inhaltsverzeichnis

Vorwort

Einleitung

12 Was bedeutet Natural Leadership

1 Marke ausrichten

- 16 1.1. Richten Sie Ihre Marke aus
- 18 1.2. Verstehe Sie den Gründungsimpuls und den gesellschaftlichen Nutzen der Marke!
- 20 1.3. Kenne Sie Ihre Community und seien Sie Teil dieser Community!
- 22 1.4. Marke ist Glauben – kein Logo!
- 24 1.5. Schreiben Sie ein Glaubensbekenntnis
- 29 1.6. Bringen Sie es auf den Punkt: Formulieren Sie Ihren Markenclaim
- 30 1.7. Finden Sie ein Logo, das die Marke bildlich wiedergibt.

34 Merksätze

2 Steuern Sie Ihr Unternehmen!

- 38   2.1. Definieren Sie eine stabile Markt-/ Produktstrategie!
- 39   2.2. Werten Sie Ihr Produkt immateriell auf!
- 40   2.3. Installieren Sie eine Marktforschungsabteilung!
- 41   2.4. Definieren Sie die Strategie auf den Punkt – schreiben Sie diese für alle nieder!
- 42   2.Exkurs Machen Sie Ihre Mitarbeiter zu Markenbotschaftern
- 44   2.5. Setzen Sie Ihre Produkt-Markt-Strategie strukturell im Unternehmen um!
- 45   2.6. Structure follows strategy!
- 46   2.7. Arbeiten Sie nur mit Profis zusammen!
- 48   2.8. Entwickeln Sie ein effizientes Planungs- und Steuerungssystem!
- 50   2.9. Werden Sie Ihrer kaufmännischen Verantwortung jederzeit gerecht. Ohne Ergebnis- und Liquiditätssicherung geht gar nichts!
- 52   2.10. Entwickeln Sie Aktions- und Maßnahmenpläne und halten Sie diese in Jour Fixes nach!
- 52   2.11. Delegieren Sie Verantwortung und führen Sie mit Zielen!
- 53   2.12. Installieren Sie ein Projektmanagement!
- 54   Merksätze

Inhaltsverzeichnis

3 Seien Sie Anführer!

58 3.1. Unternehmens- und Organisationsmodelle

61 3.2. Der Ansatz der Selbstführung im Natural Leadership

61 3.3. Jeder Mensch hat einen Anspruch auf Glück am Arbeitsplatz!

62 3.4. Schenken Sie Ihren Mitarbeitern Wertschätzung!

62 3.5. Schenken Sie Ihren Mitarbeitern Vertrauen!

63 3.6. Versuchen Sie ein entspannter Chef zu sein!

64 3.7. Fordern und fördern!

65 3.8. Bezahlen Sie gerecht!

66 3.9. Verschiedene Mitarbeitern, verschiedene Führungsstile!

67 3.10. Geben Sie Ihren Mitarbeiten Gestaltungsfreiheit!

68 3.11. Geben Sie Ihren Mitarbeitern Entscheidungsgewalt!

68 3.12. Entscheiden Sie die schwierigen Entscheidungen!

69 3.13. Achten Sie auf eine ausgewogene Zusammensetzung des Führungsteams!

70 3.14. Sorgen Sie dafür, dass Ihren Mitarbeiter gute Führungskräfte zur Verfügung stehen!

72 Merksätze

4 Entwickeln Sie Glauben!

77 4.1. Seien Sie sich im Klaren über sich selbst und entwickeln Sie Ihren Geist!

78 4.2. Seien Sie jemand, an den Ihr Umfeld glauben kann!

79 4.3. Lassen Sie sich nicht von der Gier überwältigen!

81 4.4. Seien Sie fit und bleiben Sie in Form!

82 Merksätze

84 Nachwort zu Natural Leadership

Vorwort des Autors

Liebe Leser,

vorab möchte ich Ihnen zwei Grundgedanken mit auf den Weg geben:

Jeder Mensch ist frei in seinen Entscheidungen.
Jeder Mensch kann irgendetwas besonders gut.

In unserer westlichen Welt ist jeder Mensch frei. Das meine ich in einem umfassenden Sinn. Im Speziellen bin ich davon überzeugt, dass jeder Mensch frei in seinen Entscheidungen ist. Prinzipiell muss man nichts: Man muss sich nicht von einem nervenden Nachbarn die Freude am Garten vermiesen lassen, nicht einer Arbeit nachgehen die keine Freude bereitet und sich nicht der Macht des Kapitals unterwerfen. Natürlich sind Familienleben, Freunde, ein Auskommen und Gesundheit sehr wichtig. Aber man muss prinzipiell nichts – außer sterben. Halten Sie sich immer vor Augen, dass Sie über Ihren Weg entscheiden und nicht andere.

Jeder Mensch hat seine Vorbestimmung. Ich glaube fest daran, dass jeder Mensch etwas besonders gut kann. Umso wunderbarer ist es, wenn diese Fähigkeit zum Beruf wird. Sie sind eine Führungskraft, die jedoch viel lieber gärtnert und über den ultimativen grünen Daumen verfügt? Dann bitte gehen Sie Ihrer Profession nach. Sind Sie jedoch eine begabte Führungskraft, sollten Sie an sich arbeiten und zum Natural Leader avancieren.

«I am the master of my fate.»
William Ernest Henley

Einleitung

In der allgemeinen Managementliteratur wurde in den letzten Jahren viel über Managementskills und Leadership geschrieben. Vielen Ansätzen und Gedanken kann ich intellektuell folgen und schätze sie als effektiv ein. Andere wiederum scheinen mir schwer verständlich, ich finde keinen Zugang und einige Erkenntnisse gehen an der Praxis vorbei. Lässt sich etwas Kompliziertes einfach erklären, so hat man es wirklich verstanden. Das ist mein Anspruch. Basierend auf meinen Erfahrungen, als Führungskraft wie auch als Mensch, möchte ich mein Verständnis von Leadership auf simple Weise erklären und darstellen.

Ich möchte ein Plädoyer halten: Für gelebte Menschlichkeit und Verantwortung gegenüber dem Menschen. Ich möchte Sie zu Klarheit und Mut anstiften. Entwickeln Sie ein klares Bewusstsein und fällen Sie die Entscheidungen, die nur ein Leader fällen kann.

Ich habe dieses Buch grob in vier Bereiche unterteilt:

- **Richten Sie Ihre Marke aus!**
  Ein Natural Leader muss sein Unternehmen und seine Marke verstehen wie kein anderer. Ohne dieses grundlegende Verständnis herrscht strategische Unklarheit und es fehlt die Orientierung für die Mitarbeiter.

- **Steuern Sie Ihr Unternehmen!**
  Jeder Leader muss seine Gewinn- und Verlustrechnung, seine Liquidität und seine Operations im Griff haben. Die Steuerbarkeit des Unternehmens ist Grundlage für Vertrauen und Handlungsfähigkeit.

- **Seien Sie Anführer!**
  Ein wahrer Leader schafft für seine Mitarbeiter ein Umfeld aus Prozessen und Verantwortlichkeiten, in dem diese sich entwickeln und ihr gesamtes Potenzial entfalten können.

- **Entwickeln Sie Glauben!**
  Der letzte – aber nicht unwichtigste – Punkt ist die eigene Entwicklung. Der Natural Leader muss sich Zeit nehmen für sich selbst, für seine spirituelle und geistige Entwicklung. Er muss an etwas glauben können, um etwas in die Welt zu bringen.

Was bedeutet das »natural« in Natural Leadership?

Das „natural" in Natural Leadership bedeutet übersetzt „naturgemäß". Natural Leadership steht also für naturgemäßes Anführen.

Warum gibt es im Kindergarten immer Kinder, die bestimmen dürfen, was gespielt wird, denen andere Kinder folgen? Warum folgen Menschen anderen Menschen, ohne deren Führungsanspruch infrage zu stellen? Warum gibt es in erfolgreichen Sportteams immer einen, der den Unterschied macht?

All diese Menschen eint, von ihrem Umfeld als Anführer anerkannt zu werden. So leite ich mein Verständnis von Leadership ab. Ein Leader ist der „Anführer".

Zum Leader wird man nicht per Dekret, mancher wird es nie. Führungsfähigkeiten können nicht gelehrt werden, sie können nur erlernt und erfahren werden. Der Leader wird zum Leader auserkoren von denen, die er führt. Eine rein gesellschaftsrechtliche Inthronisierung verleiht zwar Titel und Position, bringt jedoch nicht die Anerkennung, den Respekt sowie die Gefolgschaft und Loyalität.

Die Basis für wahres Leadership ist Menschlichkeit. Ein Natural Leader verfügt über ein hohes Maß an Menschlichkeit, ohne seine Ziele aus den Augen zu verlieren. Die Divergenz zwischen Menschlichkeit und Zielorientierung stellt einen hohen Anspruch an die Persönlichkeit und bedarf eines dauernden Abwägens.

Der Natural Leader hat sein Auskommen, doch er bereichert sich nicht. Unsere Gesellschaft ist in weiten Teilen der Wirtschaft getrieben von der Gier, eine der größten Geißeln unserer modernen Konsumgesellschaft. Die Gier treibt Manager dazu, ihre Verantwortung gegenüber Menschen und Unternehmen nur unzureichend wahrzunehmen. Der wahre Leader stellt seine Werte über seine Geldbörse. Er übernimmt Verantwortung für andere und stellt sich selbst in den Dienst der Menschen. Anführen bedeutet dienen.

Ein wahrer Leader hat keine Angst um seine Position. Er tritt ab, wenn die Zeit gekommen ist. Bis dahin fordert und fördert er seine Mitarbeiter und optimiert so gut wie möglich die bei ihnen vorhandenen Fähigkeiten. Denn eine Führungskraft agiert mit dem Anspruch, neue Leader zu entdecken und auszubilden.

Eine Führungsposition auf diese Weise auszufüllen geht einher mit einem immensen Gefühl der Erfüllung. Die eigene innere Standfestigkeit, die Berufung durch die Mitarbeiter und die reine Freude an der Sache sind ein großes Geschenk.

Ich bin der festen Überzeugung, dass die individuelle Interpretation der Berufung Teil des notwendigen gesellschaftlichen Diskurses und der notwendigen gesellschaftlichen Veränderung ist.

An dieser Stelle kann ich Ihnen nur zurufen:

»Seien Sie Teil der Veränderung! Werden Sie vom Head zum Natural Leader!«

Ein Aspekt ist in meinem Verständnis von Leadership so wichtig, dass ich diesen ganz besonders betonen möchte: Schaffen Sie Klarheit!

Heute herrscht in den meisten Organisationen und bei den Menschen ganz im Allgemeinen ein gewisser Mangel an Klarheit; genauer gesagt, fehlt oftmals das Bewusstsein dafür, wer man ist, wo man gerade steht und wie die eigenen Ziele aussehen.

Das klingt sehr banal, ist es jedoch nicht. Hören Sie einen Moment lang in sich hinein oder schauen Sie sich in Ihrem Umfeld um: Wer ist denn wirklich klar in seinem Handeln, in seiner Zielausrichtung?

Gute Leader vereinfachen Prozesse und schaffen Klarheit. Sie bringen komplexe Sachverhalte auf den Punkt. Ist eine Lösung nicht für jeden verständlich; ist sie nicht klar und simpel genug, dann ist es keine gute Lösung. Ich sage nicht, dass der Weg zur Klarheit einfach ist, er ist jedoch notwendig.

Viele Strategien in Unternehmen werden formuliert und leider auch umgesetzt, ohne Klarheit über das IST zu haben. Mein väterlicher Freund und Mentor Peter Zernisch sagte immer zu mir: „Du musst das IST schonungslos erkennen. Lass dich nicht von dem treiben, was sein könnte oder was dir die Eitelkeit einflüstert, sondern verstehe und akzeptiere das IST, auch wenn es schmerzvoll ist."

Dieses IST zu suchen und damit Klarheit zu schaffen erfordert Disziplin, Erfahrung und ein gutes Gefühl.

»Alles was wir hören, ist eine Meinung, kein Fakt. Alles was wir sehen, ist eine Perspektive, nicht die Wahrheit.«

Marcus Aurelius

1.1. Entscheidend für jeden Natural Leader ist es, sein Unternehmen und seine Marke in ihren Grundfesten zu verstehen. Es bedarf eines tiefgreifenden Verständnisses des IST, der Historie, des Gründungsimpulses sowie der Werte, um zu verstehen, um zu führen, um Orientierung zu vermitteln.

Verstehen Sie Ihr Unternehmen, Ihre Marke, bevor Sie handeln! Markenverantwortung ist Chefsache, nicht Aufgabe des Marketingleiters oder einer Agentur!

1. RICHTEN SIE IHRE MARKE AUS!

1.2. Verstehen Sie den Gründungsimpuls und den gesellschaftlichen Nutzen der Marke!

Warum ist der Gründungsimpuls relevant? Warum ist es wichtig, die gesellschaftliche Relevanz einer Marke zu verstehen?

Die Welt unserer Produkte und Dienstleistungen fußt auf einem historisch geprägten Wirtschafts-, Werte- und Gesellschaftssystem. Viele Probleme in der Menschengeschichte, physische und psychische, wurden durch Produkterfindungen gelöst. Eine Markenidee entsteht als Lösung für ein Problem oder einen Konflikt. Die Substanz einer starken Marke ist tief im Unterbewusstsein der Psyche verborgen. Der Sinn einer Marke ist ein allgemeingültiger, gesellschaftlicher Wert. Dieser Sinn, diese Substanz war schon immer da und ist Teil der Menschengeschichte. Eine Marke ist kein individuelles Bedürfnis einzelner, sie wird von einem kollektiven, gesellschaftlichen Wert – basierend auf einem kollektiven Problemempfinden – getragen.

Eine Marke ist also nicht das eingetragene Recht, nicht der Werbeslogan im Fernsehen, nicht das von Beratern geliftete Image eines Unternehmens oder eines Produkts, sondern eine Gemeinschaft von Menschen, die dieselbe Wertebasis teilen, an dasselbe glauben und daraus ihren Bedarf nach einem spezifischen Produkt definieren.

Die Marke erfährt ihren Gründungsimpuls indem irgendjemand diesen Bedarf erkennt, ein Unternehmen gründet und diesem Unternehmen einen Namen gibt. Dadurch wird die Marke manifestiert.

Häufig lässt sich die gesellschaftliche Notwendigkeit der Marke erst durch die Betrachtung der zugrundeliegenden kulturellen und historischen Aspekte erschließen.

Der Gründungsimpuls von hessnatur ist ein prägnantes Beispiel. In den achtziger Jahren formulierte Heinz Hess die Vision und das Bedürfnis nach reiner, natürlicher und unbehandelter Babybekleidung. Der Impuls entstand bei der Geburt des ersten Sohnes: Er sollte gesund aufwachsen. Die Eltern begannen mit der Suche nach Kleidung aus natürlichen, chemisch unbehandelten Stoffen. Da diese Textilien zur damaligen Zeit jedoch nicht erhältlich waren, musste das Ehepaar Hess eigene Lieferanten in der Textilindustrie finden, die ihre Ansprüche erfüllen konnten.

Bereits in den Siebzigern entstand aus der grünen Bewegung heraus der Wunsch nach giftfreier Kleidung. Heinz Hess erkannte diesen Bedarf und begründete darauf die Marke hessnatur. hessnatur verpflichtet sich seit jeher dem Baby, dem Menschen und dem Schutz der Haut.

Der Gründungsimpuls manifestiert den Sinn und den Zweck des Wirtschaftens. Schwächt der Leader diese Basis, läuft er Gefahr, die ideelle und damit die wirtschaftliche Basis zu schwächen.

Was war der Gründungsimpuls Ihres Unternehmens, Ihrer Marke? Vielleicht waren Sie selbst der Gründer. Was war und ist der Nutzen, den Sie mit Ihren Produkten stiften? Was ist das Lead-Produkt? Was war der Impuls?

Notieren Sie nachfolgend Ihre Gedanken hierzu:

Impuls

Nutzen

Produkt

1.3. Kennen Sie Ihre Community und seien Sie Teil dieser Community!

Eine Community lässt sich als Fangemeinde beschreiben. Die Menschen teilen denselben Glauben. Der Glauben kann sich in einem Produkt oder einem Fußballverein manifestieren – oder auch religiöser Natur sein.

Sie fragen sich: Was hat eine Markendefinition mit Religion zu tun?

Lassen Sie mich versuchen, es zu erläutern. Aktuell sind Apple, Facebook und Coca-Cola die bekanntesten Marken, sofern der Wert rein wirtschaftlich gemessen oder monetär bewertet wird.

Aus meiner Sicht ist die stärkste Marke die katholische Kirche. Sie hat einen weltweit bekannten Gründungsimpuls, mit dem Kreuz hat sie ein weltweit bekanntes Markenlogo und mit 1,2 Mrd. Kirchenmitgliedern eine riesige Markengemeinschaft. Das soll jetzt keine Blasphemie sein, sondern nur einen anderen Blick auf die Definition von Marken[1] ermöglichen.

Ein weiteres Beispiel sind Fangemeinschaften von Fußballvereinen. Den Fans des FC Bayern München und des FC Schalke 04 ist die Freude am Fußball gemein. Doch könnten die Grundfesten der Communities nicht unterschiedlicher sein.

Wie kein anderer deutscher Fußballverein verkörpert der FC Bayern Erfolg, sportlich und wirtschaftlich, und ist ein Anziehungspunkt für viele Fußballinteressierte.

Eigentlich müssten wir alle Bayern-Fans sein, alle auf der Seite der Gewinner stehen wollen. Warum ist das nicht so? Weil wir nicht alle an dasselbe glauben.

Der FC Schalke und seine Fans sind in den achtziger Jahren dreimal unter Tränen abgestiegen und im Freudentaumel wieder aufgestiegen.

---

[1] Peter Zernisch: Markenglauben managen

Manche Saison war für die Fans ein sportlicher Gräuel, gepaart mit wirtschaftlichen Problemen. Aber: Schalke ist Religion, geboren aus dem Mythos der Arbeiter und Schaffer im Zeichen der Kohlegruben. Der Verein ist ein Symbol der Arbeiterklasse, die sich im Schweiße ihres Angesichts den Lebensunterhalt erarbeiten musste. Die Strahlkraft ist riesig, auch wenn mancher Fan, so wie ich, noch nie eine Zeche auch nur von außen gesehen hat.

Wie ist das bei hessnatur?

hessnatur ist ein Kind der deutschen Friedens- und Umweltbewegung. Heinz Hess opponierte gegen die gesamte Textilindustrie und setzte sich in den folgenden Jahren über alle Hindernisse hinweg.

Dieser Oppositionsgedanke und die Konsequenz sind tief in der Markensubstanz verwurzelt. Dies eint Unternehmen, Mitarbeiter, Lieferanten und Kunden. Diese Basis teilt hessnatur mit vielen Unternehmen der grünen Branche.

Das besondere Merkmal bei hessnatur ist die Fürsorge für das Baby. Hieraus resultiert die Anziehungs- und Bindekraft der Marke, schließlich steht das Aufziehen von Kindern im Fokus einer Familie.

Die Community ist daher die qualitätsbewusste, gut gebildete Familie mit Zugang zum liberalen und umweltschutzorientierten Gedankengut. Diese Community muss durch die Kommunikation angesprochen und mit dem Produkt bedient werden. Verliert die Marke hessnatur die Familie als Community, verliert sie ihren Sinn.

Was haben all diese Beispiele gemeinsam? Sie beziehen sich auf den Glauben an etwas, an etwas Höheres, auf einer fast schon spirituellen Ebene.

1.4. Marke ist Glaube – kein Logo!

Sie kennen Ihr Logo, kennen Sie jedoch auch Ihre Glaubensgemeinschaft?

Nehmen Sie sich Zeit und beantworten Sie folgende Fragen:

Wer ist Ihre Markencommunity? Wer sind Ihre Fans? Woran glauben Sie, Ihre Mitarbeiter, Ihre Kunden und Ihre Lieferanten gleichermaßen?

Erstellen Sie ein Visionboard der Lebenswelt Ihrer Community!

Visualisieren Sie für sich und Ihre Mitarbeiter die Lebenswelt der Community. Ein Community-Visionboard ist eine Collage, zusammengefügt aus Bildern, die die Lebenswelt der Community darstellen.

Die Bilder der Collage stehen beispielhaft für: Menschen, Häuser, Wohnungseinrichtungen, Landschaften, Kleidung, Hobbys und vieles mehr.

Die Erstellung eines Visionboards ist ein wunderbarer Prozess, um die Sicht auf die Welt der Kunden zu synchronisieren, zu diskutieren und Gedanken aus der Luft auf das Papier zu bringen. Es eignet sich hervorragend dazu, Betroffene zu Beteiligten zu machen und sollte auf jeden Fall im Team umgesetzt werden.

Ein Visionboard zu erstellen ist nicht sehr schwer. Eine optimale Papiergröße für ein Visionboard ist A0 (119 cm x 84 cm). Ein A0-Papier bietet Platz, um eine ausreichende Anzahl an Bildern zusammenzustellen. Als Material benötigt man Scheren, Klebestift und reichlich Bilder. Suchen Sie in Zeitschriften, Büchern, Kalendern oder im Internet nach Motiven.

Ich erinnere mich noch, dass ich für das Visionboard von hessnatur die Bahnhofsbuchhandlung in Frankfurt quasi leer gekauft habe.

Blättern Sie die Bücher etc. durch und schneiden Sie alle Motive aus, die Ihnen auf irgendeine Weise gefallen. Entscheiden Sie intuitiv. Suchen Sie neben Bildern nach Wörtern und Phrasen, die Sie ansprechen.

Alle Bilder werden gesammelt, besprochen und einer hierarchischen Ordnung unterstellt und aufgeklebt. Das ist ein gruppenbildender, wichtiger Prozess. Nehmen Sie sich Zeit!

Auch hier gilt: Klarheit schaffen!

Suchen Sie sich moderative Unterstützung für die Erstellung des Visionboards, um den Prozess zu führen. Gehen Sie jedoch auch hier davon aus, dass die Erstellung des Visionboards ein zäher und aufreibender Prozess mit vielen Diskussionen ist. Halten Sie durch, es lohnt sich!

1.5. Schreiben Sie ein Glaubensbekenntnis!

»Eine Marke ist keine Sache der Erkenntnis und der Vernunft, sondern eine Sache des Glaubens.«

Für dieses Kapitel möchte ich eine Anleihe bei der Religion machen: Erfassen Sie in Worte, woran Sie glauben. Gedanken zu formulieren lässt sie klarer hervortreten.

Für die Formulierung des Glaubensbekenntnisses ist es sinnvoll, dass all Ihre Führungskräfte an Bord sind. Gegebenenfalls sollte Sie eine kleinere Gruppe bilden, dabei jedoch darauf achten, dass der Prozess für alle transparent ist, dass alle im Boot sind.

Unten stehend habe ich Ihnen das Apostolische Glaubensbekenntnis in seiner ökumenischen Form angefügt:

Ich glaube an Gott,
den Vater, den Allmächtigen,
den Schöpfer des Himmels und der Erde.

Und an Jesus Christus,
seinen eingeborenen Sohn, unsern Herrn,
empfangen durch den Heiligen Geist,
geboren von der Jungfrau Maria,
gelitten unter Pontius Pilatus,
gekreuzigt, gestorben und begraben,
hinabgestiegen in das Reich des Todes,
am dritten Tage auferstanden von den Toten,
aufgefahren in den Himmel;

er sitzt zur Rechten Gottes,
des allmächtigen Vaters;
von dort wird er kommen,
zu richten die Lebenden und die Toten.

Ich glaube an den Heiligen Geist,
die heilige christliche Kirche,
Gemeinschaft der Heiligen,
Vergebung der Sünden,
Auferstehung der Toten
und das ewige Leben.

Amen.

Sie denken, das ist übertrieben? Lassen Sie mich mein Markenverständnis noch einmal darstellen:

»Eine Marke ist meinem Verständnis zufolge nicht das eingetragene Recht, nicht der Werbeslogan im Fernsehen, nicht das von Beratern geliftete Image eines Unternehmens oder eines Produkts, sondern eine Gemeinschaft von Menschen, die dieselbe Wertebasis teilen, an dasselbe glauben und daraus ihren Bedarf nach einem spezifischen Produkt definieren.«

Für mich ist es zwangsläufig, dass man seinen Markenglauben formulieren, teilen und verbreiten muss. Damit alle dasselbe lesen und hoffentlich verstehen, muss der Markenglaube niedergeschrieben werden.

Welche Glaubensverfassung, welche unumstößliche, rational unangreifbare Überzeugung eint Sie und Ihre Kunden? In welchem lebensnotwendigen Sinn sind diese Glaubensgewissheiten fest verankert?

In meiner Zeit bei hessnatur verbrachten wir sehr viel Zeit damit, das Glaubensbekenntnis (bei hessnatur hieß es „Markenmanifest") zu verfassen. Die Zeit war extrem anstrengend und fordernd. Es wurde viel gerungen, um Passagen sowie um einzelne Worte.

Oft waren wir an dem Punkt zu sagen: „So, gut jetzt, das passt." Wir gingen auseinander und spätestens am nächsten Tag war klar, dass die Arbeit noch nicht beendet war und es noch einiges zu tun gab. Irgendwann ist der Gedanke, das Wort, die Formulierung schließlich da. Sie klingt dann so einfach, so simpel und auf einmal ist es jedem klar. Jeder nicht im Prozess Involvierte ist begeistert und nimmt die Einfachheit und Klarheit des Gedankens sofort wahr, ohne zu wissen, wie beschwerlich sich der Weg dahin gestaltete.

Nehmen Sie sich die Zeit, diese grundlegende Arbeit zu schaffen!

Für meine eigene Marke „Natural Leadership" habe ich natürlich auch ein Glaubensbekenntnis formuliert:

»Jede Führungskraft kann sich entwickeln, wenn sie ihre Ängste und die Gier überwindet. Ich helfe Menschen sich zu entwickeln. Ich glaube an Natural Leadership, an ein Leadership, das in die heutige Zeit passt, voller Menschlichkeit, Klarheit und gesellschaftlicher Verantwortung. Natural Leadership ermutigt Führungskräfte, ihren eigenen Weg zu gehen.«

Dass sind hehre Worte, aber ich glaube fest daran, dass jede Führungskraft in ihrem Umfeld Außerordentliches schaffen und Menschen anführen kann, kurz: ein Natural Leader sein kann.

Ist das einfach? Nein, aber erfüllend!

Kennen und leben Sie Ihre Werte und vor allem: Schreiben Sie diese Werte auf!

Nachdem in den beiden vorangegangenen Kapiteln der Gründungsimpuls, die Markencommunity und das Glaubensbekenntnis beleuchtet wurden, wenden wir uns jetzt den Werten zu, welche die Marke und das Unternehmen tragen. Die Ergründung und Festlegung der Werte war für mich immer die schwierigste Disziplin. Es stellt sich zunächst einmal die Frage, was sind Werte überhaupt?

Wiki hilft:

«…Werte bezeichnen im allgemeinen Sprachgebrauch als erstrebenswert oder moralisch gut betrachtete Eigenschaften bzw. Qualitäten, die Objekten, Ideen, praktischen bzw. sittlichen Idealen, Sachverhalten, Handlungsmustern, Charaktereigenschaften beigelegt werden…»

Stellen Sie sich die folgenden Fragen:

- Welche Empfindungen löst mein Markenname oder Markenzeichen bei den Menschen aus, die ihn oder es kennen?
- Welche Empfindungen werden bei mir und meinen Mitarbeitern ausgelöst?
- Welche Empfindungen trägt die Wertgemeinschaft derer, die meine Marke tragen?

Machen Sie bitte folgende kleine Übung: Auf den Folgeseiten sind über 100 Werte aufgelistet. Markieren Sie zehn, die für Sie persönlich passend sind, Ihren Charakter und Sie als Person beschreiben. Die Marke wird eins mit dem Leader und umgekehrt! Seien Sie sich dessen bewusst!

Achtsamkeit; Aktivität; Aktualität; Akzeptanz; Altruismus; Anerkennung; Andersartigkeit; Anmut; Ansehen; Anstand; Aufgeschlossenheit; Aufmerksamkeit; Ausgeglichenheit; Ausdauer; Ausgewogenheit; Authentizität; Begeisterung; Beharrlichkeit; Bescheidenheit; Besonnenheit; Dankbarkeit; Demut; Disziplin; Effizienz; Ehrlichkeit; Empathie; Entscheidungsfreude; Fairness; Fleiß; Freiheit; Freude; Frieden; Fröhlichkeit; Fürsorglichkeit; Geduld; Gelassenheit; Gemütlichkeit; Gerechtigkeit; Gesundheit; Glaubwürdigkeit; Großzügigkeit; Güte; Harmonie; Hilfsbereitschaft; Hingabe; Hoffnung; Humor; Idealismus; Innovationsgeist; Inspirationskraft; Integrität; Intelligenz; Interesse; Intuition; Klugheit; Konservativität; Kontrolle; Kreativität; Leidenschaft; Leichtigkeit; Liebenswürdigkeit; Loyalität; Menschlichkeit; Mitgefühl; Motivationsgabe; Mut; Nachhaltigkeit; Nächstenliebe; Neutralität; Offenheit; Optimismus; Ordnungssin; Pflichtgefühl; Präsenz; Pünktlichkeit; Realismus; Redlichkeit; Reinheit; Respekt; Rhythmus; Rücksichtnahme; Sanftheit; Sauberkeit; Selbstdisziplin; Sensibilität; Sicherheit; Solidarität; Sorgfalt; Sparsamkeit; Spaß; Standfestigkeit; Stolz; Strenge; Sympathie; Tapferkeit; Teamgeist; Teilungsbereitschaft; Toleranz; Traditionsbewusstsein; Transparenz; Treue; Tüchtigkeit; Unabhängigkeit; Unbestechlichkeit; Verantwortungsgefühl; Verlässlichkeit; Vertrauen; Verzeihen; Wachsamkeit; Wärme; Weisheit; Weitsicht; Würde; Zielstrebigkeit; Zuverlässigkeit; Zuneigung

Reduzieren Sie nun auf fünf Werte:

1. _____

2. _____

3. _____

4. _____

5. _____

Die erste Übung mit zehn Werten hatte bereits einen gewissen Anspruch. Die Reduzierung auf fünf Werte ist umso schwieriger.

Nächste Übung: Reduzieren Sie bitte auf drei Werte und schreiben Sie die persönliche Bedeutung für sich selbst dazu.

_____

_____

_____

Die Schwierigkeit, drei Werte für sich, sein Unternehmen oder seine Marke zu finden, ist leicht nachvollziehbar. Man muss den Dingen gedanklich auf den Grund gehen, sie durchdringen, diskutieren, verwerfen und neu anfangen. Dieser Prozess, den ich mit dieser Übung anstoßen möchte, sollte mit professioneller Unterstützung angegangen werden. Denn den Dingen auf den Grund zu gehen, ist die Lösung vieler Probleme. Mit diesen drei bis vier – bitte nicht mehr – individuellen Werten bestimmen Sie Ihr Handeln aus dem Kern heraus.

Durch diese Reduzierung und Gleichrichtung der Kräfte und Aktionen entfalten Sie Potenzial. Sie sind klar und stiften Sinn und Orientierung.

Der Natural Leader muss die Werte leben können und ebenso leben wollen. Passen die persönlichen Werte des Leaders nicht zum Unternehmen, ist es für die Mitarbeiter an der Zeit sich einen neuen Chef zu suchen oder für den optimalen Head zu einem anderen Unternehmen zu wechseln.

Meine für mich festgelegten persönlichen Werte sind Klarheit, Mut und Menschlichkeit. Zwar sind Werte wie Ehrlichkeit und Loyalität für mich auch sehr wichtig, ich glaube jedoch, mit diesen drei Werten eine Ausrichtung gefunden zu haben, die die zukunftsorientierten und verankernden Elemente gut abdeckt und somit eine gute Spannung aufweist.

1.6. Bringen Sie es auf den Punkt: Formulieren Sie Ihren Markenclaim

Jetzt kommt die nächste schwierige Übung: All das, was die Community glaubt, also die Werte der Marke, in einen Claim zu verpacken. „To put it in a nutshell", wie die Amerikaner sagen würden. Die eine zu verrichtende Arbeit ist es, die Substanz zu erfassen. Die andere nicht weniger leichte Übung ist es, eine elegante, nicht zu lange, spielerische Formulierung zu finden.

Überlassen Sie diese Aufgabe nicht einer Werbeagentur. Die Entwicklung des Markenclaims ist Aufgabe des Leaders, des Anführers und seiner Mannschaft. Der Grundgedanke muss von Ihnen, aus Ihrem Haus kommen. Externe Unterstützung ist hilfreich, lagern Sie diese wichtige, Selbstverständnis schaffende Aufgabe jedoch nicht aus. Ein guter Texter unterstützt Sie dabei, für Ihre Gedanken eine angemessene Tonalität und den passenden Ausdruck zu finden.

Wichtig hierbei, wie bei vielen anderen Aufgaben des Leaders: Vertrauen Sie auf Ihr Gefühl! Aber prüfen Sie ihre Entscheidung auch rational.

Für meine Marke „Natural Leadership" habe ich den Claim „from head to leader" gewählt.

Der Claim ist zum einen Erklärung und Ergänzung des Markennamens. Zum anderen drückt er mein Selbstverständnis auf den Punkt genau aus. Er zeigt auf, was ich mit Natural Leadership verbinde und wo ich die Not sehe, die behoben werden muss: Führungskräfte müssen sich auf den schwierigen und steinigen Weg begeben, Anführer zu werden, ihre Position, ihren Titel und auch ihr Gehalt über Taten und Wirksamkeit zu verdienen. Jede gute Führungskraft ist ihre eigene Marke, der die Menschen folgen wollen.

Ziel vieler Werbeagenturen ist eine hohe Wiedererkennbarkeit und Werbewirksamkeit des Claims. Ja, ergibt Sinn, kommt für mich aber nur auf Platz zwei. Das Selbstverständnis der handelnden Personen und des Unternehmens sicherzustellen, Kraft aus den Menschen zu entwickeln, ist wichtiger.

Denn welche Marke hat so viel Geld, um mit TV- und ähnlicher Werbung die Bekanntheit herzustellen? Das Selbstverständnis, die Selbstfindung ist die Basis jeder Entwicklung und sichert den Aufbruch in die richtige Richtung.[1]

1.7. Finden Sie ein Logo, das die Marke bildlich wiedergibt.

Ein Bild hat Integrations-, Anziehungs- und Bindekraft – sofern es das richtige Bild ist. Für meine Marke wählte ich den Phönix als Logo. Um zu verstehen, warum ich den Phönix als Sinnbild für die Entwicklung „from head to leader" als überaus treffend empfinde, muss ich Ihnen den Mythos des Phönixes näherbringen.

---

[1] Peter Zernisch: Markenglauben managen

Der Phönix ist ein mythischer Vogel, der am Ende seines Lebenszyklus verbrennt, um aus seiner Asche wieder neu zu erstehen.

Dadurch ist der Phönix in vielen Kulturen das universelle Symbol der Auferstehung, Regeneration und Unsterblichkeit. Sein Werden und Vergehen ist ein ewiger Kreislauf, der nie zu enden scheint. Der Phönix ist das Sinnbild der Transformation und der Veränderung.

Der Phönix bringt das Feuer der Reinigung. Es wird Zeit, sich von allem Ballast zu trennen, die Vergangenheit loszulassen und mit Freude in die Zukunft zu blicken. Was vergehen soll, das verbrennt und was bestehen soll, entsteht aufs Neue.

Sind Sie erst einmal durch das Feuer gegangen, können Sie mit neuer Kraft und Mut daraus hervorgehen. Wer etwas gewinnen will, muss bereit sein, etwas zu opfern.

Jede Führungskraft muss sich entwickeln. Leader zu sein lässt sich nicht erlernen, man muss es erfahren. An Erfahrung gewinnt, wer Herausforderungen meistert. Aber die wahre Erfahrung kommt aus den Misserfolgen, aus den Niederschlägen. Eine Führungskraft muss sich mit all ihrer Erfahrung immer wieder selbst hinterfragen, hinterfragen lassen und sich entwickeln. Sich weiterzuentwickeln bedeutet Altes hinter sich zu lassen und sich auf Neues einzulassen, sich neu zu definieren. Diese Grundhaltung – sich weiterzuentwickeln und sich neu zu definieren, sich dabei jedoch stets treu zu bleiben – ist für mich das Sinnbild für den Mythos des Phönix.

Jeder Mensch kann sich wandeln, kann frei sein, ist der Meister seines Schicksals. Das Wissen und die Kraft die Chancen zu ergreifen, lässt ihn werden, als Mensch und als Leader. Das Werden und Vergehen beschreibt das Leben, die Natur.

Johann Wolfgang von Goethe bringt den Mythos des Phönix auf den Punkt:

> *»Und solang du dies nicht hast, dieses Stirb und Werde, bist du nur ein trüber Gast auf der dunklen Erde.«*
>
> **Johann Wolfgang von Goethe**

Marke ausrichten | Unternehmen steuern | Menschen anführen | Glauben entwickeln

**Hilfreiche Tipps
zum Thema:**

Richten Sie
Ihre Marke aus!

Verstehen Sie Ihr Unternehmen, Ihre Marke, bevor Sie handeln!

Markenverantwortung ist Chefsache, nicht Aufgabe des Marketingleiters oder einer Agentur!

Verstehen Sie den Gründungsimpuls und den gesellschaftlichen Nutzen Ihrer Marke!

Kennen Sie Ihre Community und seien Sie Teil dieser Community!

Schreiben Sie ein Glaubensbekenntnis, denn Marke ist Glaube – kein Logo!

Kennen und leben Sie Ihre Werte und vor allem schreiben Sie diese auf!

Die Marke wird eins mit dem Leader und umgekehrt!

Vertrauen Sie auf Ihr Gefühl!

2.0. Im vorangegangenen Kapitel lag der Schwerpunkt auf dem Verständnis der eigenen Marke, des eigenen Unternehmens. Sich seiner selbst bewusst zu sein ist eine schwere Aufgabe, die dauerhafte Positionierung und die Führung der Marke am Markt ist jedoch nicht minder schwer.

2. STEUERN SIE IHR UNTERNEHMEN

2.1. Definieren Sie eine stabile Markt-/ Produktstrategie!

In unserer heutigen Zeit mangelt es nicht an Dingen. Es gibt quasi alles. Die Wachstumsgrenzen der meisten deutschen Inlandsmärkte sind erreicht. Wie ist es also auch ohne eine herausragende Innovation möglich, ein Produkt zu platzieren und sich seinen Markt zu schaffen?

In Märkten ohne Mengenwachstum muss die Differenzierung über Produkteigenschaften, Qualität und Service erfolgen. Durch ein innovatives oder differenziertes Produkt kann auch in gesättigten Märkten eine Alleinstellung geschaffen werden. Eine Alleinstellung ist Basis für ökonomischen Erfolg, für ein gesundes Unternehmen.

Achten Sie darauf, dass Ihr Produkt eine Not lindert!

Als Teil der Marken-Community Ihrer Marke ist es wichtig, klar herauszuarbeiten, welche Problemlösung den Menschen am Herzen liegt.

Was ist der Bedarf Ihrer Community?

Versuchen Sie, die Probleme und Nöte Ihrer Anhängerschaft zu ergründen und zu verstehen. Um etwas Neues in die Welt zu bringen, muss die Produktgestaltung aus der Sichtweise der zu wendenden Not angegangen werden. Es gilt, die Not eines Problems abzuwenden. Produktnutzen und Problemlösungskraft des Produkts sind dabei essenziell.

Je gewichtiger das zu lösende Problem ist, je mehr Nutzen es den Menschen stiftet, desto größer der Markterfolg und die Chance auf eine Alleinstellung.

Schaffen Sie Fanprodukte für Ihre Marken-Community!

Mit der absoluten Problemorientierung sichern Sie sich die Treue Ihrer Kunden!

2.2. Werten Sie Ihr Produkt immateriell auf!

Neben der absoluten Problemorientierung ist eine klare immaterielle Positionierung unerlässlich. Dieser immaterielle Nutzen liegt im Ideellen, Emotionalen, Irrationalen.

Diese neue Position müssen Sie entdecken oder erfinden. Neue bedeutende Positionen werden jedoch nicht durch Gefälligkeit oder Nachahmung erreicht, sondern durch ein neues Denken. Es bedarf der Opposition. In der Opposition liegt die Kraft, die Kraft für die Anziehung von Anhängern, die Kraft für das Neue. Diese Oppositionsposition muss gefunden werden! Jede Marke muss seinen Leitgegner kennen, um leidenschaftlich in Opposition zu treten. Durch diese oppositionelle Positionierung erfolgt eine ideelle Aufwertung des Produkts. Der Käufer des Produkts erwirbt mit dem Produkt einen immateriellen Nutzen in Form von Emotion und der Zugehörigkeit zu einer Community.

Ohne öffentliche Wahrnehmung keine strategische Positionierung!

Wichtig ist der entschiedene und öffentliche Eintritt für das Oppositionelle und die öffentliche Besetzung dieser neuen Position. Wer zu seiner Sache als Erster öffentlich Position bezieht, erwirbt für sich den Status des Innovators, besetzt die Position und schützt sich vor Nachahmern.

Definieren Sie den Markenstil in Kommunikation und Produkt!

Neben der absoluten Problem- und Nutzen-Orientierung und der ideellen, emotionalen Aufladung bedarf das Produkt eines festen Markenstils in Design und Kommunikation.

Die Festigkeit und Eindeutigkeit des Stils begründet die Autorität des Produktes wie auch der Marke. Diese Autorität muss verbindlich sein[1].

Jeder Mitarbeiter, jeder Dienstleiter, jeder Vertriebspartner muss diesem Stil verpflichtet werden!

Jeder Mensch wird täglich mit tausenden Markenkontakten konfrontiert. Wir leben in einer Zeit der Vielfalt und Bilderüberflutung. In dieser Überschwemmung von Reizen hat der Markenstil größte Bedeutung, denn er vermittelt dem Kunden Orientierung. Der Markenstil sorgt für die Unterscheidung. Je höher die Stildichte, desto höher die Wahrnehmung.

Investieren Sie in Markenstilentwicklung, in die Dichte des Markenstils, bevor Sie in große Mediabudgets investieren!

Konsistenz bedeutet Authentizität. Immer wieder verwendete Stilelemente und Symbole schärfen das Bild. Verwenden Sie Ihre Stilelemente und wiederholen Sie Ihre Botschaften sooft Sie können. Wenn alle Internen schon massiv genervt und ob vermeintlich mangelnder Kreativität nervös werden, fängt die Wahrnehmung beim Kunden an.

Ein konsistent kommunizierter Stil schafft Wahrnehmung!

Kunden identifizieren Marken dank ihres Stils zuverlässig und innerhalb von Sekundenbruchteilen. Ein Markenstil hilft Produkten, in unserer reizüberfluteten Welt aufzufallen.

Markenstil, Produktnutzen und immaterielle Aufladung begründen Alleinstellungsmerkmale!

2.3. Installieren Sie eine Marktforschungsabteilung!

Um ihre Marke führen zu können, brauchen Sie interne und externe Dienstleister, die Ihnen Informationen liefern. Leisten Sie sich eine Marktforschungsabteilung, die Ihnen die Informationen über Wettbewerber und kundeneigene Wahrnehmung am Markt zur Verfügung stellt.

Wichtig ist, dass Sie alle Informationen sammeln und interpretieren, nicht nur jene, die Ihre Meinung bestätigen. Es ist ratsam, das zu institutionalisieren.

Erreichen Sie, dass Ihre Mitarbeiter sich trauen, Ungereimtheiten Ihnen gegenüber offen anzusprechen, dass sie sich gegenüber der Autorität „respektlos" erweisen. Ja-Sager gibt es zu viele

Fordern Sie selbst auch Autoritäten in Ihrem Haus heraus, ohne sie natürlich bloßzustellen. Der Spezialist für Marketing oder der Designleiter sind wichtige Mitarbeiter, kochen aber auch nur mit Wasser. Je mehr Sie erfahren, desto sicherer werden Sie in Ihrem Urteil.

Seien Sie vorsichtig bei der folgenden Begründung auf Nachfragen: »Der Kunde will das so!«

2.4. Definieren Sie die Strategie auf den Punkt, schreiben Sie diese für alle nieder!

Mein Mentor Peter Zernisch pflegte zu sagen:

1. Gesagt ist nicht gehört!

2. Gehört ist nicht verstanden!

3. Verstanden ist nicht einverstanden!

4. Einverstanden ist nicht angewendet!

5. Angewendet ist nicht durchgehalten!

Schreiben Sie Ihre Strategie nieder! Gedanken zu formulieren lässt sie klarer hervortreten Dinge, die Sie auf den Punkt bringen können, haben Sie selbst verinnerlicht und klar dargestellt. Das ist die Basis dafür, die

Strategie an Ihre Führungskräfte und Mitarbeiter weitergeben zu können.

Gehen Sie davon aus, dass alles, was nicht schriftlich fixiert wurde, definitiv nicht so umgesetzt wird, wie Sie es wollten!

Rütteln Sie mit Ihren Führungskräften an der Strategie. Nur so treten Verständnisschwierigkeiten, Ihre und die Ihrer Führungskräfte, zutage.

Sie müssen die Menschen mitnehmen auf dem Weg. Die Menschen müssen aber auch mitgehen wollen.

Wie viele gute Strategien, wie viele gute Ideen versinken im operativen Tagesgeschäft, weil sie nie im Unternehmen angekommen sind? Die Stärke und Wirksamkeit eines Vorhabens kommt nicht nur aus der Idee. Ohne operative Exzellenz und in diesem Fall Lebbarkeit dessen, was entwickelt werden soll, kann keine nachhaltige Umsetzung stattfinden.

Besteht Einigkeit bezüglich der Strategie, legen Sie gemeinsam strategische Zielgrößen fest. Strategische Ziele dienen der Ausrichtung und Orientierung des gesamten Unternehmens und all seiner Führungskräfte und Mitarbeiter.

Diese Zielgrößen sollten die Qualität haben, dass sie quantitativ und/oder qualitativ messbar sind.

If you can't measure it, you can't manage it!

2. Exkurs — Machen Sie Ihre Mitarbeiter zu Markenbotschaftern

Storytelling bedeutet übersetzt ganz einfach: Geschichten erzählen. Geschichten werden seit jeher immer und überall erzählt. Das Erzählen von Geschichten ist die Basis-Kommunikationsform in der Menschheitsgeschichte.

Auch in der heutigen, modernen Welt ist Storytelling aktueller denn je. Wo Menschen interagieren, sei es on- oder offline, werden Geschichten erzählt.

Storytelling ist ein machtvolles Kommunikations-Instrument. Eine Marke braucht ihre Storys: Die Story der Unternehmensgründung, tolle Produktlaunches, Storys, in denen es menschelt oder einfach reine Erfolgsstorys.

Schreiben Sie Storys zum Weitererzählen auf!

Neben dem Bild hat auch das gesprochene oder geschriebene Wort maßgeblichen Anteil am Image, am Bild eines Unternehmens.

Geschichten sollten gesammelt und ausformuliert, ggfs. mit Bildern ergänzt und allen Mitarbeitern zur Verfügung gestellt werden – am besten mit einer Anleitung versehen, wie die Geschichten zu erzählen sind.

Ein gutes Beispiel hierfür ist die Gründungsgeschichte von hessnatur. Die Gründung von hessnatur war ein humanitärer Akt, primär resultierend aus der Fürsorge für die Familie und erst in zweiter Instanz ein Beitrag zum Umweltschutz. Beim Erzählen dieser Gründungsgeschichte ist jedem klar, dass die Fürsorge für das Baby und die Familie die Anziehungs- und Bindekraft der Marke hessnatur ausmacht.

Jetzt denken Sie vielleicht: wieder mal übertrieben. Unterschätzen Sie jedoch nicht die Macht des geschriebenen Wortes und welche Erkenntnisse und Erlebnisse der Prozess freisetzt.

Die Arbeit am Wort schärft den Gedanken!

Ebenso sollten Sie nicht Struktur und Konsequenz unterschätzen. Die strukturierte Aufbereitung stellt jedem ein Tool zum Erzählen von Geschichten zur Verfügung. Machen Sie Ihre Mitarbeiter zu Markenbotschaftern, damit diese, auch in privaten Gesprächen, die Story Ihrer Marke erzählen können.

Noch ein weiterer wichtiger Punkt: Wenn Sie Ihre Brand-Storys gefunden haben, erzählen Sie diese so lange, bis Sie sie selbst nicht mehr hören können und noch darüber hinaus, damit sich die Geschichten bei Kunden, Lieferanten, Mitarbeitern und in der Öffentkeit verankern. Schlagen Marketingteam oder Externe vor, man müsse etwas Neues machen, bleiben Sie stur! Erzählen Sie dieselben Geschichten immer und immer wieder.

Selbstredend ist klar, dass alle Marketing- und Vertriebsaktivitäten sich auf dieselben Storys und Themen beziehen.

2.5. Setzen Sie Ihre Produkt-Markt-Strategie strukturell im Unternehmen um!

Die Formulierung einer Strategie und der strategischen Ziele ist Grundvoraussetzung für zielorientiertes, effektives Handeln.

Gelingt es jedoch nicht, die Strategien effizient im Unternehmen zu implementieren, bleibt alles nur eine Kopfgeburt, eine Spielerei, die mit dem täglichen Arbeiten nichts zu tun hat.

Sie fällen jeden Tag Entscheidungen mit strategischem Einfluss. Sie müssen sich klar darüber sein, was Sie entscheiden. Jedes Bild in einer Werbebroschüre, jeder Text, jedes neue Produkt muss nach strategischen Maßstäben entschieden werden. Ihr Organisations- und Prozesssystem, sowie Ihr Planungs- und Steuerungssystem, müssen an Ihrer Strategie ausgerichtet sein.

2.6. Structure follows strategy!

Saubere Prozesse und klare Verantwortungen sichern die Umsetzung der Strategie. Die Struktur Ihres Unternehmens in Aufbauorganisation und Prozessorganisation muss sich an Ihrer Strategie ausrichten. Sofern Sie das nicht gewährleisten können, haben Sie ein essenzielles Problem.

Möchten Sie Ihre Kunden durch einen herausragenden Kundenservice binden, benötigen Sie einen herausragenden Kundenserviceprozess. Das hört sich banal an, ist es aber nicht.

Lassen Sie mich ein Beispiel formulieren:

Versandhändler A möchte die Wiederkaufrate der Kunden erhöhen. Er hat dafür drei wesentliche Stellgrößen:

- Vertriebliche Maßnahmen mit Incentives.
- Eine gute Produktqualität.
- Einen Kundenservice, der einerseits den Kunden zufriedenstellt und andererseits positiv überrascht.

Lassen Sie uns an dieser Stelle den Kundenservice herausarbeiten.

In einem optimalen Szenario müsste der Leiter Kundenservice direkt an die Geschäftsführung der Marke berichten und nicht an den CFO. Das wäre bereits die erste wesentliche Weichenstellung.

Eine zweite wesentliche Weichenstellung wäre, dass dem Kundenservice neben den harten materiellen Zielen weitere Zielgrößen zur Verfügung stehen, die stark qualitativ orientiert sind und sich mit der Kundenzufriedenheit beschäftigen. Eine positive Bewertung des Agenten nach dem Telefonat ist wichtiger als die Einhaltung der durchschnittlichen Gesprächsdauer.

Eine hohe Qualität im Service und die Zufriedenheit des Kunden hängen stark von der technischen Unterstützung der Abläufe, jedoch ebenso von den sprachlichen, intellektuellen und menschlichen Qualitäten der Mitarbeiter im Servicecenter ab.

Um das zu gewährleisten benötigen Sie:

- Einen Applikation-Manager, der nur daran arbeitet, die Prozesse zu optimieren und kundenfreundlich zu gestalten.

- Eine interne Mitarbeiterschulungsinstitution, die nur die Gesprächs- und Problemlösungsqualität der Mitarbeiter schult und nachhält.

- Das Recruiting muss entsprechend ausgerichtet sein. Es ergibt keinen Sinn, nur die kostenlosen Inserate des Arbeitsamtes zu studieren.

Scheinbar banale Punkte, die in ihrer Gesamtheit eine große Wirkung entfachen. Das Beispiel könnte nun ergänzt und weiter ausgeführt werden. Meiner Meinung nach dürfte es jedoch offensichtlich sein, dass zum Erreichen des Kundenserviceziels der Prozess und die Unterstützung des Prozesses verändert werden müssen.

Vermutlich sind Sie nicht überrascht, wenn ich Ihnen nun ans Herz legen möchte, dass Organisations- und Prozessgestaltung Aufgabe des Anführers ist.

2.7. Arbeiten Sie nur mit Profis zusammen – Amateure kosten nur Zeit und Geld!

Diese Empfehlung gilt für Ihre Führungskräfte und für Ihre Dienstleister. An vielen Stellen lässt sich Geld sparen, Führungskräfte und Dienstleister gehören nicht dazu Suchen Sie sich für Ihre Führungspositionen die richtigen Leute – bevor Sie mit zu großen Veränderungen beginnen.

Erst wer, dann was:

Seinen Sie fair zu sich selbst und den Menschen, die für Sie arbeiten. Wenn Sie jemanden dauerhaft mit Ihrer Erwartungshaltung und den zu bewältigenden Aufgaben überfordern, tun Sie ihm und sich selbst keinen Gefallen.

Dasselbe gilt natürlich für Dienstleister und Berater. Es gibt immer Aufgaben oder Tätigkeiten, die von einem auf diese Aufgaben spezialisierten Externen besser ausgeführt werden können.

Stellen Sie sicher, dass Sie einen Profi an Bord haben. Voraussetzung für das Engagieren von Externen ist ein gutes Briefing. Sagen Sie, was Sie wollen und bringen Sie es möglichst auf den Punkt. Überlassen Sie beim Briefing von Externen nichts dem Zufall. Ist der Bereichsleiter nicht in der Lage in Ihrem Sinne zu briefen, übernehmen Sie das Briefing selbst und überlegen Sie anschließend, wie der Bereichsleiter seinen Job in Zukunft besser machen kann.

Suchen Sie loyale Dienstleister, die Ihnen verpflichtet sind. Hier gilt dasselbe wie für Führungskräfte. Können sich die Dienstleister nicht mit den strategischen Zielen identifizieren oder haben sie Schwierigkeiten sich voll in Ihren Dienst zu stellen, suchen Sie sich neue Dienstleister. Selbiges gilt natürlich ebenso für Dienstleister, die nicht verstehen können, was Sie von ihnen wollen!

Vor einer Sorte von Externen sollten Sie sich besonders hüten: Meiden Sie die „es-wird-schlimmer-bevor-es-besser-wird-Falle"[1]! Demissionieren Sie Berater und Dienstleister, die Ihnen weismachen wollen, dass zunächst ein Tal durchschritten werden muss, bevor am Ende dieses Tals die Verheißung auf Sie wartet. Wer das sagt, versucht die eigene Inkompetenz zu verschleiern und verschwendet Ihre Zeit und Ihr Geld!

2.8. Entwickeln Sie ein effizientes Planungs- und Steuerungssystem!

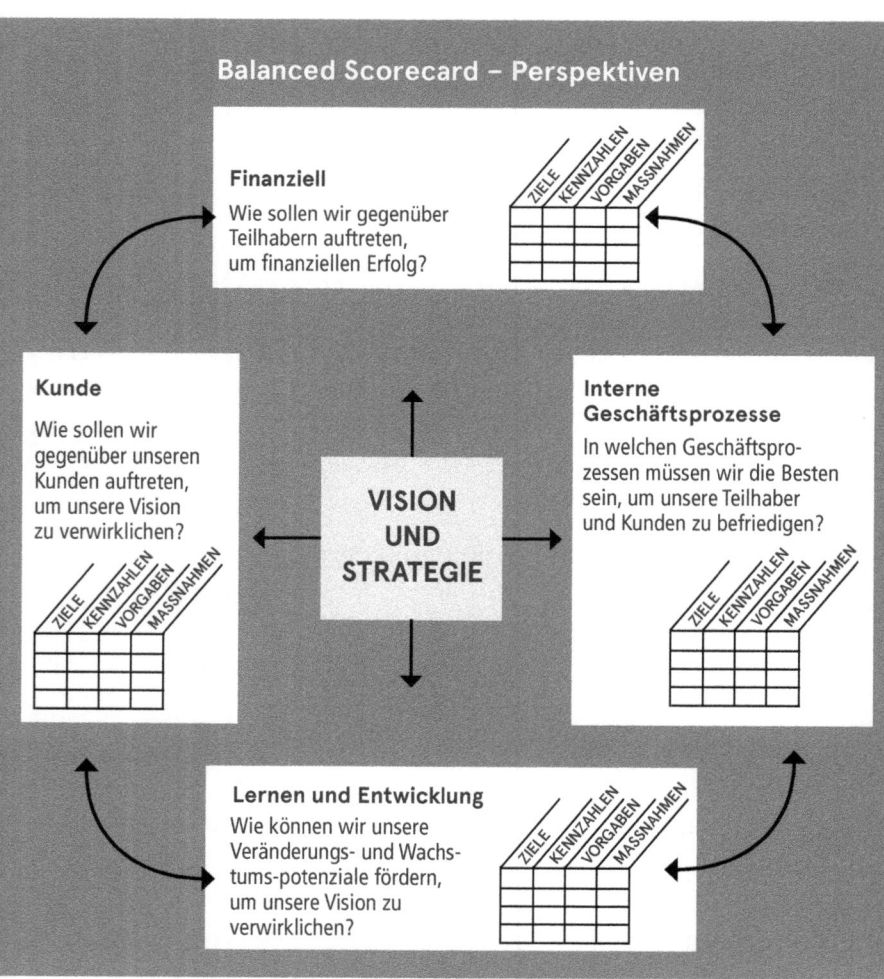

Ein viel beachtetes Werk von Kaplan/Norton aus den neunziger Jahren ist der Ansatz der Balanced Scorecard. Balanced Scorecard heißt soviel wie *ausgewogenes Kennzahlensystem*. Vor dem Hintergrund der Kritik an rein finanzwirtschaftlichen Kennzahlensystemen entwickelten R.S. Kaplan und D.P. Norton die folgende Systematik.

Eine Balanced Scorecard vereint die rein finanzwirtschaftlichen Kennzahlen mit einer Kunden-, einer internen Prozess- und einer Ressourcenperspektive.

Die finanzielle Perspektive der Balanced Scorecard beinhaltet die typischen finanzwirtschaftlichen Elemente wie *Umsatz*, *Ergebnis* und *Liquidität*.

Spannend wird es jetzt in der Kundenperspektive. Diese legt die *Kunden-* und *Marktziele* fest und reflektiert die *strategischen Ziele* des Unternehmens in Bezug auf die *Kunden-* und *Marktsegmente*.

Aufgabe der internen Prozessperspektive ist die Abbildung der Prozesse, die zum Erreichen der Ziele der finanziellen Perspektive und der Kundenperspektive notwendig sind. Hierbei ist es von essenzieller Bedeutung, alle Kern- und Unterstützungsprozesse in der Wertschöpfung des Unternehmens hinreichend darzustellen und zu beleuchten.

Die Kennzahlen der Ressourcenperspektive beschreiben die Infrastruktur, die notwendig ist, um die Ziele der ersten drei Perspektiven zu erreichen. Die drei Schwerpunkte sind die Qualifizierung von Mitarbeitern, die Leistungsfähigkeit des Planungs- und Steuerungssystems und die Zielausrichtung des Unternehmens.

Seien Sie sich der wichtigen Kennzahlen zur Unternehmenssteuerung bewusst!

---

1 Robert S. Kaplan, David Norton: Balanced Scorecard: Strategien erfolgreich umsetzen

2.9. Werden Sie Ihrer kaufmännischen Verantwortung jederzeit gerecht. Ohne Ergebnis- und Liquiditätssicherung geht gar nichts!

Der Gestalter ist anfällig dafür, den Marken- und Produktwert über die Ökonomie zu stellen. Das ist prinzipiell richtig, aber trotzdem ist ein Gegenpart notwendig, der die kaufmännischen Interessen in der Geschäftsführung vehement vertritt.

Er muss diese so vehement vertreten, dass er ein Gleichgewicht zur Gestaltungsseite schafft. Das ist aber nur möglich, wenn der Entsprechende in seiner Rolle voll akzeptiert ist und das vollste Vertrauen genießt.

Auch hier – und ganz besonders hier – gilt der Grundsatz: Amateure kosten nur Zeit und Geld. Noch niemand hat ohne einen guten Finanzer Großes erreicht.

Suchen Sie sich einen guten Finanzer und machen Sie diesen zum engsten Vertrauten!

Sie müssen die wesentlichen Zahlen Ihres Unternehmens immer im Auge behalten bzw. im Griff haben. Es ist Ihr Unternehmen, Ihre Zahlen und Ihr Geld.

Bauen Sie sich oder lassen Sie sich ein aussagekräftiges Reporting- und Controlling-System aufbauen.

Es ist wichtig mit Vertrauen zu führen. Genauso wichtig ist es jedoch, die wesentlichen Dinge selbst im Blick zu haben und diese ggfs. zu kontrollieren. Aus diesem Grund kann ich Ihnen an dieser Stelle nur raten:

Vertrauen Sie, aber kontrollieren Sie auch!

Sie helfen nicht nur sich, sondern auch Ihren Kollegen. Vielleicht haben diese ja etwas übersehen.

Gehen Sie zu den wesentlichen Zahlen regelmäßig in den Diskurs mit Ihren Führungskräften. Haben Sie keine Angst davor, anderen auf die Nerven zu gehen. Es ist Ihre Verantwortung, gegenüber sich selbst und der Mitarbeiterschaft. Ertragsschwäche und fehlende Liquidität gefährden den Bestand Ihres Unternehmens. Es gibt zwei ganz einfache ökonomische Regeln, die ich Ihnen mit auf den Weg geben kann:

Sie sollten maximal nur so viel Geld ausgeben, wie Sie einnehmen und nur das bestellen, was Sie auch bezahlen können!

Dieser Rat ist kein intellektueller Höhenflug. Jeder müsste verstehen, was damit gemeint ist. Aber handeln die Menschen auch danach?

Schauen Sie mit klarem Blick auf Ihre Ertrags- und Liquiditätssituation. Bauen Sie Risikopuffer in Ihre Planungen ein. Sie müssen für Unvorhergesehenes gewappnet sein. Und vor allen Dingen sollten Budgets und Kostenplanungen eingehalten werden. Falls Sie Entscheidungen treffen, die nicht im Budget liegen, dokumentieren Sie diese und stellen Sie neue Hochrechnungen auf, damit Sie die Dinge jederzeit im Blick und einen Überblick haben.

Wenn Hoffnung der Pate der ökonomischen Steuerung und Planung ist, dann gehen Sie Risiken ein. Lassen Sie Realität einziehen. Gehen Sie verschiedene, auch negative Szenarien, durch. Entscheidend ist, dass die Realität die Hoffnung nährt und nicht umgekehrt.

»Ein Optimist ist ein Mensch, der ein Dutzend Austern bestellt, in der Hoffnung, sie mit der Perle, die er darin findet, bezahlen zu können.«

Theodor Fontane

2.10. Entwickeln Sie Aktions- und Maßnahmenpläne und halten Sie diese in Jour Fixes nach!

Nachdem Sie Ihre wichtigsten Kennzahlen gefunden, Ihr Controlling System implementiert und Ertrag- und Liquidität geplant haben, geht es jetzt an die Umsetzung.

Legen Sie basierend auf Ihrer Ziel- und Jahresplanung die Bereichsziele fest und vereinbaren Sie sich mit Ihren Führungskräften.

Halten Sie Ihre Führungskräfte an, Aktions- und Maßnahmenpläne aufzustellen. Sprechen Sie diese durch und seien Sie über das weitere Vorgehen informiert. Auch hier gilt: Die eine Führungskraft braucht mehr, die andere weniger Führung und Unterstützung.

Regelmäßige Jour Fixes sind ein weiterer wichtiger Punkt. Gemeinsam mit den Bereichsleitern sollten sie im 1-2 Wochen-Rhythmus stattfinden.

Ich empfehle denselben Rhythmus für übergreifende Jour Fixes mit mehreren Führungskräften und Sachbearbeitern aus definierten Bereichen.

2.11. Delegieren Sie Verantwortung und führen Sie mit Zielen!

Es mag vielleicht den Anschein haben als bestehe mein Ansatz aus vielen Kontrollelementen. Mir geht es jedoch nicht um Kontrolle, sondern um die Sicherstellung einer strukturierten und zielorientierten Arbeitsweise.

Sobald Sie auf Unternehmens- und Bereichsebene Zielsicherheit hergestellt haben und Vorgehensweisen und Budgets abgestimmt sind, ist es an der Zeit, sich zurückzuziehen.

Delegieren Sie die Verantwortung an Ihre Führungskräfte. Lassen Sie diese die Ziele selbst festlegen und formulieren. Seien Sie dabei mit 80 %

zufrieden. Sechs Führungskräfte, die motiviert 80 % Ihrer Vorstellungen erreichen, schaffen in Summe mehr, als Ihnen allein möglich wäre.

Wichtige Werte sind für mich an dieser Stelle Verbindlichkeit und Ehrlichkeit. Die Aufgaben sind jetzt delegiert und werden zuverlässig auch von dem Mitarbeiter übernommen, an den diese übergeben wurden. Hat die Führungskraft jedoch Probleme in seinem Aufgabengebiet, ist offene Ehrlichkeit zwingend notwendig.

Dulden Sie Unverbindlichkeit und Unehrlichkeit zu keinem Zeitpunkt. Die daraus entstehende Arbeit bleibt an Ihnen hängen.

2.12. Installieren Sie ein Projektmanagement!

Sollten Sie große Projekte planen, müssen Sie diese aus dem normalen Tagesgeschäft herausnehmen. Nur so können Sie dem Projekt durch entsprechende Organisation Zeit, Geld und Aufmerksamkeit widmen.

Projekte sauber zu planen und abzuarbeiten ist ein wichtiger Punkt im Change-Management. Sie müssen über die richtigen Mitarbeiter verfügen, bzw. Ihre Mitarbeiter mit dem entsprechenden Methoden-Know-how ausgestattet haben. Gegebenenfalls müssen Sie sich externe Unterstützung einkaufen. Denken Sie immer daran: „Amateure kosten nur Geld!"

Beraumen Sie regelmäßige Projektsitzungen an und drängen Sie auf eine gewissenhafte Vor- und Nachbereitung. Wenn Sie selbst sich bei einem Projekt unwohl fühlen oder keine Lust verspüren in die Projektsitzungen zu gehen, stellen Sie bitte das gesamte Projekt infrage – Ihren Mitarbeitern geht es bestimmt nicht besser.

Stellen Sie den Bedarf zukünftiger Mittel für das Projekt transparent dar. Sie sollten sich sicher sein, dass die Projekt-Ziele erreicht werden und dass es ein Erfolg wird. Es gibt gute Gründe, weiter in ein Projekt zu investieren. Dass bereits viel Geld investiert wurde, zählt nicht dazu.

Marke ausrichten | **Unternehmen steuern** | Menschen anführen | Glauben entwickeln

**Hilfreiche Tipps
zum Thema:**

Steuern Sie Ihr Unternehmen!

Kennen und lösen Sie die Probleme und Nöte Ihrer Anhängerschaft!

Seien Sie klar und konsistent im Stil Ihrer Marke!

Ohne öffentliche Wahrnehmung keine Positionierung!

Gehen Sie davon aus, dass alles, was nicht schriftlich fixiert wurde, definitiv nicht so umgesetzt wird, wie Sie es wollten!

If you can't measure it, you can't manage it!

Structure follows strategy!

Amateure kosten nur Zeit und Geld!

Erst wer, dann was!

Suchen Sie sich einen guten Finanzer und machen Sie diesen zum engsten Vertrauten!

Delegieren Sie Verantwortung und führen Sie mit Zielen!

3.0. Die Aufforderung, Anführer zu sein, ist leicht ausgesprochen. Doch was bedeutet es denn wirklich in der heutigen Zeit, im heutigen Reifegrad unserer Gesellschaft, ein Anführer zu sein?

Die Antwort: Eine Persönlichkeit zu sein, die ein Unternehmen gestaltet in dem Menschen gerne arbeiten.

Anführen heißt nicht unbedingt der Rudelführer zu sein und alles allein zu entscheiden. Es bedeutet nicht, dass das Unternehmen und die Menschen wie eine Maschine funktionieren sollen.

Anführen heißt das Notwendige zu tun, um Mitarbeiter und Unternehmen nach vorn zu bringen. Es ist mehr die Aufgabe eines Trainers denn die des Haupttorschützen.

Ein Natural Leader muss den Menschen dienen. Dienen in dem Sinne, dass er den optimalen Rahmen und die optimale Struktur zur Erfüllung der Aufgaben und Erreichung der Ziele schafft.

Um das zu gewährleisten, ist ein weit entwickeltes Bild von Menschenführung und Organisationsentwicklung notwendig. Ich möchte im Folgenden darauf eingehen.

3. SEIEN SIE EIN ANFÜHRER

3.1. Unternehmens- und Organisationsmodelle[6]

An diesem Punkt ist es geboten, mein Grundverständnis von Organisationsentwicklung und Menschenführung zu erläutern.

Ich unterscheide in meiner Sichtweise drei verschiedene evolutionäre Stufen der Organisationsentwicklung. Zur weiteren Vertiefung verweise ich auf das ausgezeichnete Werk von Frederic Laloux, Reinventing Organisations[1].

Die erste Ausprägung stellt das stark materialistisch geprägte **Unternehmen der Leistungsgesellschaft** dar. Die Unternehmen sind auf Effektivität und Effizienz getrimmt und nach einer an Leistungsvermögen orientierten Hierarchie aufgebaut. Es herrscht das totale Leistungsprinzip. Ein Unternehmen ist dazu da, Innovationen voranzutreiben, um ökonomisch erfolgreich zu sein. Der Mensch ordnet sich in seinem Handeln unter. Über den ökonomischen Erfolg des Unternehmens begründet sich der Wohlstand von Gesellschaften und der handelnden Akteure.

Diese Wirtschafts- und Unternehmensform hat mit ihrem großen ökonomischen Erfolg signifikant zur Entwicklung des Wohlstands der westlichen Welt beigetragen. Aber diese leistungsorientierte Sichtweise sieht Unternehmen eher als Maschinen – mit Menschen als gut funktionierenden kleinen Rädchen.

Nachdem die wesentlichen Grundbedürfnisse der westlichen Welt erfolgreich befriedigt worden sind, droht das System zu kippen. Die individuelle und kollektive Gier führt zu materialistischer Obsession, Ungleichverteilung, dem Verlust von Gemeinschaftsgefühl und der Zerstörung der Natur.

Schon in den sechziger und siebziger Jahren hat sich eine starke Gegenbewegung gebildet. Die grüne Bewegung sucht Fairness, Gleichheit, Harmonie und Gemeinschaft. Das Streben nach Werten und Idealen wie

---

1   Frederic Laloux: Reinventing Organisations

Naturschutz und Einkommensgerechtigkeit hat im Laufe der Jahre viele **werteorientierte Unternehmen** entstehen lassen. Die Kultur- und Werteorientierung hält die Organisation und die Menschen zusammen. Die Leistungsfähigkeit werteorientierter Organisationen ist außergewöhnlich. Viele gute, dem Gemeinwohl dienliche Produkte und Ideen sind mit dieser Grundeinstellung zum Wirtschaften entstanden.

Die handelnden Personen träumen von der Gleichheit aller und dem Wegfall von Hierarchien. Unternehmen werden hier als Familien definiert. Sie sind aber keine Familien. Allein die Frage, wer Mama, Papa oder Kind ist, wirkt absurd. Die daraus resultierende Konsens- und Diskussionskultur hat den Unternehmen teilweise die Handlungsfähigkeit geraubt.

Die evolutionär nächste Stufe ist die Aufnahme der Werteorientierung der grünen Bewegung, ergänzt um den Ansatz, den Menschen ein selbstbestimmtes Arbeitsumfeld zu schaffen, in dem diese ihre Potenziale ausleben können. Sowohl die Metapher des Unternehmens als Maschine wie auch der Familienansatz werden der heutigen Zeit nicht gerecht.

Die Menschen suchen zum einen Gemeinschaft und zum anderen individuelle Erfüllung. Es ist an der Zeit, Verantwortung, Gestaltungs- und Entscheidungsgewalt von oben nach unten zu delegieren, die Mitarbeiter zu erheben und ihnen Vertrauen zu schenken. Laloux bezeichnet dies in seinem integralen, evolutionären Paradigma als Selbstführung. Zur Unterscheidung bezeichne ich diese Unternehmen als **selbstführungsorientierte Unternehmen**.

Jeder Ansatz hat seine Berechtigung, jeder Ansatz hat Elemente, die unabdingbar sind. Während die Leistungsorientierten die Grünen für ihre Träumereien belächelten, lehnten die Werteorientierten jede Art von Professionalisierung und Performanceorientierung ab. Die einen drohen seelenlos zu bleiben, die anderen drohen an ihrer Unprofessionalität zu scheitern.

Die werteorientierten Unternehmen haben es geschafft, die kollektive und individuelle Gier zu überwinden, doch eint sie ein Problem mit den leistungsorientierten Unternehmen: Beide Formen haben es nicht geschafft, in ihren Unternehmen ein „gesundes", am Menschen orientiertes Führungsverständnis zu implementieren. Sind die einen zu strikt, sind die anderen zu orientierungslos.

Beiden Formen gelang es nicht, die Angst davor zu überwinden, Vertrauen zu schenken und dabei ggf. enttäuscht zu werden. Oder auch die Angst vor einem Machtverlust im althergebrachten Sinne abzulegen, indem Mitarbeiter eigenständig entscheiden. Damit verbunden ist die Angst, als Manager möglicherweise eine Position innezuhaben, die vielleicht gar nicht mehr gebraucht wird.

Meine Vorgehensweise macht Anleihen bei allen drei Ansätzen. Meine Ausführungen zum Thema Marke und Werte gehen sehr konform mit dem werteorientierten Ansatz, während meine Ausführungen zur Ökonomie viele Elemente des leistungsorientierten Ansatzes aufweisen. Für mich kann Werteorientierung ohne Performance nicht dauerhaft erfolgreich sein. Wird den Menschen jedoch eine erfüllende Arbeitsumgebung geschaffen, ist ein Unternehmen in seinem Erfolg nicht zu stoppen.

3.2. Der Ansatz der Selbstführung im Natural Leadership

Ich gehe in den nächsten Kapiteln auf meine Sichtweise der Selbstführungsgestaltung ein. Meine Ausführungen und Gedanken sind natürlich nicht allumfassend. Eher beschreibt es den Ausschnitt, den ich erlebt habe und sehe. Auch mir ist es in der Vergangenheit schwergefallen, Verantwortung zu delegieren, zu akzeptieren, dass nicht nur meine Lösung Bestand hat. Sehen Sie es mir nach, wenn geniale Autoren wie Laloux tiefer theoretisch in die Materie einsteigen können. Ich kann nur das weitergeben, was ich selbst positiv erlebt habe.

3.3. Jeder Mensch hat einen Anspruch auf Glück am Arbeitsplatz!

Ich glaube fest daran, dass dieses Grundverständnis die Basis für die Gestaltung von Prozessen, Abläufen etc. im Unternehmen sein muss. Die Organisation dient dem Menschen und nicht umgekehrt.

Ich unterscheide zwischen Dingen, die Glück vermeiden und Elementen, die Glück stiften. Mangelnde Wertschätzung, schlechte Führung, existenzielle Angst, Überforderung u.a. sind Probleme, die Glück und Zufriedenheit vermeiden. Für manche Menschen verursachen sie in ihrem Arbeitsumfeld Zustände von Unzufriedenheit bis hin zu psychischen Erkrankungen wie Burn-Out. Diese Umstände sensibel zu erfassen und abzustellen – das ist Aufgabe des Leaders.

Doch was stiftet darüber hinaus Glück? Die Glücksforscher sind sich über die wesentlichen Glücksstifter einig: soziale Kontakte, das Gefühl gebraucht zu werden und sich einbringen zu können, wie auch die Freude an der Arbeit durch Aufgabe und Umgang.

Wissen Sie, was Ihre Mitarbeiter am Arbeitsplatz glücklich macht? Fragen Sie sie!

3.4. Schenken Sie Ihren Mitarbeitern Wertschätzung!

Ich kann es nur immer wieder betonen: Die Mitarbeiter und Führungskräfte sind die wichtigsten Ressourcen eines Unternehmens.

Ein Natural Leader erhebt seine Mitarbeiter über die eigene Person, gibt ihnen das Gefühl von Wichtigkeit und stellt sich in deren Dienst. Idealerweise weiß man um die privaten Probleme der Kollegen. Auch wenn das eine sehr herausfordernde Aufgabe ist – stellen Sie sich dieser Herausforderung.

Wenn Kollegen die eigene Wertschätzung zu stark einfordern, stellen Sie mit aller Deutlichkeit und Klarheit dar, dass Wertschätzung ein wichtiger Teil der gemeinsamen Arbeit ist. Die Wertschätzung und die Nähe in einem Unternehmen unterscheiden sich jedoch sehr deutlich von der Wertschätzung und Nähe in einer Familie. Das ist vielen nicht bewusst.

Ich musste einem Kollegen deutlich machen, dass ich sein Chef und nicht sein Vater bin. Das war für beide Seiten sehr erhellend.

Erheben Sie Ihre Mitarbeiter und stellen Sie sich in deren Dienst!

3.5. Schenken Sie Ihren Mitarbeitern Vertrauen!

Ich möchte das Wort Vertrauen nicht überstrapazieren. Es ist jedoch das elementare Bindemittel in jeder Beziehung, sei es privat, beruflich oder z.B. im Sport: Wer bekommt in der Crunch-Time den finalen Wurf? Der Spieler, der das Vertrauen des Trainers hat. Welche Ehen funktionieren am besten? Die Ehen mit wechselseitig großem Vertrauen. Welche Kinder entwickeln sich am besten? Die Kinder, deren Eltern viel Vertrauen schenken. Das trifft nicht immer zu 100 % zu. Jedoch rechtfertigt die nicht hundertprozentige Eintrittswahrscheinlichkeit kein Misstrauen. Warum soll es in Unternehmen anders sein?

Vertrauen Sie Ihren Mitarbeitern, denken Sie nur das Beste!

3.6. Versuchen Sie ein entspannter Chef zu sein!

Seien Sie berechenbar, gelassen, entspannt, großzügig und gut. Ihre schlechten Launen haben im Büro nichts zu suchen. Falls Sie schlecht gelaunt sind, bleiben Sie besser zu Hause.

Entspannt zu sein bedeutet nicht, die Spannung nicht hoch zu halten. Fördern Sie, fordern Sie – wenn es geht mit einem Lächeln. Denn wie man in den Wald hineinruft, so schallt es bekanntlich wieder heraus.

Mitarbeiter sollen keine Angst haben, ihre Meinung zu sagen!

Ein entspannter Chef zu sein bedeutet nicht, dass Sie von jedem geliebt werden. Das ist nicht Ihre Aufgabe. Außerdem handeln Sie nicht mehr rational, wenn Sie als Leader die Zuneigung all Ihrer Mitarbeiter suchen. Es gibt Entscheidungen, die gefällt werden müssen. Also fällen Sie diese. Kommunizieren Sie offen und zeitnah, warum Sie diese Entscheidung so getroffen haben.

Übernehmen Sie Verantwortung, sodass sich Ihre Mitarbeiter wohlfühlen. Bedenken Sie dabei jedoch:

Glückliche Menschen bleiben glücklich, unglückliche bleiben unglücklich, egal was ihnen passiert.

Schließlich sind zielführende Organisation und Prozesse wichtiger als die Befindlichkeiten des Einzelnen, der beispielsweise von Organisations- oder Prozessveränderungen betroffen ist. Ein Unternehmen ist keine Familie. Ein Unternehmen lebt primär von der Struktur und soll durchaus

Wertschöpfung generieren, nicht jedoch jeden Einzelnen mit all seinen Wünschen glücklich machen.

Struktur geht vor Psyche!

Ein wertvoller und auch leistungsbereiter und -fähiger Mitarbeiter kann somit in einer Unternehmung komplett fehl am Platz sein, wenn er sich nicht einordnen kann und seine Rolle nicht wahrnimmt. In diesem Fall ist die Struktur des Unternehmens wichtiger als die Befindlichkeit des Einzelnen. Entweder wird die Rolle angenommen oder man geht besser getrennte Wege.

„Struktur geht vor Psyche" steht im Widerspruch dazu, dass jeder Mensch einen Anspruch auf Zufriedenheit am Arbeitsplatz hat. Der Glücksanspruch des Einzelnen kann jedoch nur so weit gehen, dass der Glücksanspruch anderer Mitarbeiter oder der gesamten Organisation nicht beeinträchtigt wird. Um die notwendige Entscheidung zu treffen, muss der Natural Leader klar differenzieren können, ob das Wohl des Einzelnen oder das Wohl der Organisation wichtiger ist.

Scheuen Sie sich nicht, unpopuläre Personalentscheidungen zu treffen, kommunizieren Sie diese aber offen!

3.7. Fordern und fördern!

Ein wichtiger Punkt in der Führungsbeziehung ist das Fordern der Mitarbeiter. Sie erweisen keinem Mitarbeiter einen Gefallen, wenn Sie ihn nicht fordern, sein Bestes zu geben und besser zu werden.

Es ist Ihre Aufgabe als Leader einzuschätzen, wie groß das Potenzial des Mitarbeiters ist. Sie müssen den möglichen beruflichen Weg vorausdenken. Seien Sie Mentor und Coach für Ihre Potenzialträger. So wie ein Trainer seine Mannschaft und seine Einzelspieler zu mehr Leistung anspornt, so müssen Sie Ihre Organisation und Ihre Mitarbeiter dazu bringen, Größeres zu erreichen.

Zum Fordern gehört auch das Fördern. Geben Sie Ihren Mitarbeitern die Möglichkeit, sich weiterzuentwickeln, „on-the-job" und „off-the-job". Ermöglichen Sie Ihren Mitarbeitern Weiterbildung, seien Sie großzügig. Manche Unternehmen beteiligen Mitarbeiter nach dem Ausscheiden an den Kosten einer Weiterbildung. Lassen Sie das. Alleine das Aufstellen der Vereinbarung und das Aushandeln kostet Zeit, Kraft und Vertrauen. Wenn Sie einem Mitarbeiter nicht vertrauen, fördern Sie ihn nicht.

Mit Ihrer Hilfe sollten Ihre Mitarbeiter so gut sein, dass sie jederzeit in einem anderen Unternehmen einen besseren Job bekommen können!

3.8. Bezahlen Sie gerecht!

Nach meinem Empfinden kann Geld einen nicht intrinsisch motivierten Mitarbeiter nicht dauerhaft zu mehr Leistung oder Einsatz motivieren. Jemand ist motiviert oder er ist es nicht. Motivation von Menschen erfolgt über Sinn, Vertrauen und Wertschätzung. Wenn Sie Ihren Mitarbeitern Sinn stiften, eine Orientierung geben, einen Weg weisen, sind diese höchst motiviert.

Wenn Sie den Mitarbeitern dann noch Ihr Vertrauen schenken und ihnen Wertschätzung entgegenbringen, werden Ihre Mitarbeiter und Sie als Führungskraft glücklich.

Jetzt zur Frage der Bezahlung. Mehr Geld kann nicht motivieren, unangemessene Bezahlung, also zu wenig Geld, demotiviert. Bezahlen Sie so, dass die Bezahlung keine Demotivation ist und nicht zum Problem wird.

Ich habe gute Erfahrungen damit gemacht, Mitarbeiter am wirtschaftlichen Erfolg zu beteiligen.

Was man gemeinsam erwirtschaftet, kann man auch teilen.

3.9. Verschiedene Mitarbeiter, verschiedene Führungsstile!

Bei allen guten Vorsätzen zur Schaffung einer Glück spendenden Arbeitsumgebung ist es wichtig sich bewusst zu machen, dass verschiedene Mitarbeiter verschiedene Führungsstile benötigen. Das Ziel muss sein, jeden Mitarbeiter nach Potenzial und Engagement so eigenständig wie möglich agieren zu lassen.

Im Schaubild sehen Sie unterschiedliche Stufen der Einbeziehung. Manchen Mitarbeiter schicken Sie mit Budget und Ziel los und treffen sich einmal im Monat zum Jour Fix. Andere müssen Sie eher an die Hand nehmen und tägliche Gespräche führen, um die vereinbarten Ziele zu erreichen.

**Selbst-
gestalten**

Mitgestalten

Beraten

Ausprobieren

Überzeugen

Anweisen

Das zu spüren und umzusetzen ist eine der großen Herausforderungen des Leadership. Es gehört Fingerspitzengefühl und Erfahrung dazu, die Unterscheidung zu treffen.

Um wieder eine Anleihe beim Sport zu nehmen: Jedes Team hat verschiedene Spieler. Der Trainer entwickelt die Spieler und stellt sie auf. Als Trainer kann er jedoch nur die Taktik spielen, die von den Spielern umgesetzt werden kann – selbst wenn die Taktik noch so gut sein mag. Sind keine Spieler zur Umsetzung vorhanden, hat der Trainer versagt und nicht die Spieler.

Insofern sind meine Empfehlungen in den folgenden Kapiteln relativ zu sehen. Der Anspruch muss das maximal Mögliche sein.

Schaffen Sie es Ihre Mitarbeiter zu erheben, ihre Leistung und Begeisterung zu steigern, sind Sie in der Unternehmenskultur einen guten Schritt vorangekommen.

3.10. Geben Sie Ihren Mitarbeiten Gestaltungsfreiheit!

Wenn Sie eine Aufgabe an einen Mitarbeiter delegieren, geben Sie das „Was" mit. Es macht in der Folge einen massiven Unterschied, ob Sie den Mitarbeiter die Ziele selbst formulieren lassen oder ob Sie die Ziele vorgeben. Letzteres kann zum „not-invented-here"-Effekt führen und der Mitarbeiter sieht es nicht als „seins" an.

Geben Sie dem Mitarbeiter die Möglichkeit, bei der Zielformulierung den Aufschlag zu machen und arbeiten Sie das Ziel gemeinsam weiter aus. Allein dieser Prozess gibt Ihnen die Möglichkeit, die Stärken und Schwächen Ihrer Führungskraft zu bewerten.

Sind das „Was" und das Ziel festgelegt, lassen Sie Ihre Mitarbeiter das „Wie" erarbeiten. Geben Sie hier freie Hand. Es zählt die Zielerreichung, nicht der von Ihnen präferierte Weg dorthin. Sind das Ziel und das „Wie" klar formuliert, statten Sie die Führungskraft mit einem Budget aus.

Seien Sie sich bewusst, dass dieser Prozess beschwerlich sein kann. Wenn Sie jedoch erfolgreich diesen Weg gemeinsam gehen, werden die gemeinsamen Ergebnisse von Jahr zu Jahr besser.

Halten Sie sich aus Details heraus! Das »Wie« und »Wann« ist Herrschaftsgebiet Ihres Mitarbeiters! Wichtig ist die Zielerreichung!

3.11. Geben Sie Ihren Mitarbeitern Entscheidungsgewalt!

Zur Gestaltungsfreiheit gehört auch die Entscheidungsfreiheit: die Freiheit, Entscheidungen selbst und in eigener Verantwortung treffen zu können und zu dürfen. Delegieren Sie nicht nur die Aufgabe und deren Erledigung, sondern die volle Verantwortung, d.h. in seinem Aufgabenbereich entscheidet der Mitarbeiter eigenständig.

Bereits häufig ist mir der gravierende Fehler aufgefallen, dem Kollegen die Entscheidung abzunehmen, sei es, um diesem das Leben leichter machen zu wollen oder weil die Führungskraft denkt, es selbst besser zu können. Beide Gründe führen zum selben Ergebnis: Die Arbeit bleibt an Ihnen hängen. Sie erledigen Tätigkeiten, die Sie nicht erledigen sollten. Damit entmündigen Sie Ihren Mitarbeiter. Das wiederum führt dazu, dass er Ihnen überbezahlt erscheint, dem Mitarbeiter selbst jedoch langweilig wird, er seine Identifikation mit dem Unternehmen verliert und seine Fähigkeiten nicht ausbaut.

Diese Art von Entmündigung ist einer der wesentlichen Faktoren, dass viele Mitarbeiter in deutschen Unternehmen bereits innerlich gekündigt haben.

Überlassen Sie Ihren Mitarbeitern die entscheidbaren Entscheidungen und gestehen Sie ihnen Fehler zu!

3.12. Entscheiden Sie die schwierigen Entscheidungen!

Nun komme ich zu den Entscheidungen, die sich in Wahrheit nicht treffen lassen, also gewissermaßen unentscheidbar sind. Im Gegensatz zu jenen Entscheidungen, die sich unter großer Sicherheit, sprich mit einem überschaubaren Risiko einer Fehlentscheidung treffen lassen, gestalten sie sich deutlich schwieriger, da eine hohe Informationssicherheit mit ihnen einhergeht und sie häufig eher intuitiv getroffen werden müssen.

Dies ist eindeutig die Aufgabe der Führungspersönlichkeit. Ein Natural Leader schart seine Vertrauten um sich, offenbart seine Zweifel und hört sich die Meinungen und Vorschläge der anderen an, ehe er in Ruhe abwägt und schließlich zu einer Entscheidung gelangt.

Prinzipiell bin ich der Meinung, dass ein Leader eine klare, rasche Entscheidung treffen sollte, um den Rahmen für andere abzustecken; in kniffligen Situationen rate ich hingegen von dieser Vorgehensweise ab. Ist eine Situation unklar, sollten Sie erst einmal nichts unternehmen, bis Sie Licht ins Dunkel gebracht haben. Reagieren und handeln Sie bitte nicht vorschnell.

3.13. Achten Sie auf eine ausgewogene Zusammensetzung des Führungsteams!

Häufig umgeben wir uns mit Menschen, die uns ähnlich sind und die eine ähnliche Sichtweise auf die Dinge haben. Das erleichtert zwar die Kommunikation, beschränkt jedoch das Entscheidungs- und Handlungsfeld.

Holen Sie sich verschiedene Charaktere in Ihren Führungskreis und weisen Sie den Menschen dezidiert ihre Rollen zu. Jedes Team erfordert einen Advocatus Diaboli, denn zu viel Konsens ist nicht immer ergebnissteigernd. Es braucht die Kraft, die zieht und die Kraft, die bremst. Ein Nebeneinander von Innovation und Tradition. Zuviel von einer Sorte schadet nur. Das ist nicht immer einfach, doch steigern verschiedene Blickwinkel die Qualität der Entscheidung.

Pflegen Sie eine Kultur der Offenheit. Fragen Sie Ihre Führungskräfte und Mitarbeiter nach ihrer Meinung. Hören Sie zu und wertschätzen Sie diesen Input, den Sie dann in die Entscheidungsfindung einbeziehen.

Ist die Entscheidung schließlich gefallen, einstimmig oder auch nicht, gehen und kommunizieren alle in eine Richtung.

3.14. Sorgen Sie dafür, dass Ihren Mitarbeitern gute Führungskräfte zur Verfügung stehen!

Ein weiterer Aspekt, der mir sehr am Herzen liegt: Verschaffen Sie Ihren Mitarbeitern die Führungskräfte, von denen Sie selbst gerne geführt werden möchten. Das ist eine der Hauptaufgaben des Natural Leaders.

Erweist sich eine Führungskraft als exzellente Fachkraft, der es jedoch an Führungskompetenz mangelt, erlösen Sie sowohl die Führungskraft als auch die Mitarbeiter aus diesem Dilemma.

Läuft etwas aufgrund schlechter Führung nicht rund, haben Sie vielleicht bereits eine Vermutung, warum das so ist. Diese Vermutung reift zu einem Gedanken heran, den Sie schließlich gegenüber anderen äußern. Spätestens jetzt müssen Sie handeln. Entweder Sie qualifizieren Ihre Führungskraft zu einem Leader oder Sie suchen für diese Position eine neue Führungskraft.

Warten Sie nicht zu lange! Oft bemerken Sie erst wesentlich später, was alles im Argen lag. Ich habe gute Erfahrungen damit gemacht, nach dem Ausscheiden von Führungskräften die Bereiche direkt zu führen, um für mich und die Organisation Klarheit zu schaffen.

Marke ausrichten | Unternehmen steuern | **Menschen anführen** | Glauben entwickeln

**Hilfreiche Tipps
zum Thema:**

Seien Sie ein Anführer!

Jeder Mensch hat einen Anspruch auf Glück am Arbeitsplatz!

Schenken Sie Ihren Mitarbeitern Wertschätzung und Vertrauen!

Fordern und fördern Sie!

Versuchen Sie, ein entspannter Chef zu sein!

Struktur geht vor Psyche!

Bezahlen Sie gerecht!

Verschiedene Mitarbeiter, verschiedene Führungsstile!

Geben Sie Ihren Mitarbeitern Gestaltungsfreiheit und Entscheidungsgewalt!

Entscheiden Sie die schwierigen Entscheidungen!

Achten Sie auf eine ausgewogene Zusammensetzung des Führungsteams und sorgen Sie dafür, dass den Mitarbeitern gute Führungskräfte zur Verfügung stehen!

4.0. Im Rahmen meiner Beschäftigung mit Mythen als Basis von Markenentwicklung habe ich ein bemerkenswertes kleines Buch gelesen, das die Not der Menschen und auch die der Führungskräfte klar darstellt.

Den meisten Menschen fehlt der Glaube! Wir müssen an etwas glauben, um uns spirituell und geistig weiterentwickeln zu können. →

4. ENTWICKELN SIE GLAUBEN!

4.0. Entwickeln Sie den Glauben!

Die Moderne des Westens ist ein **Kind des Logos**[1] und der Triumphzug der Naturwissenschaften und der Technik sowie der Sieg der Industrialisierung über die Manufaktur und den Ackerbau. Die Menschen der Leistungsgesellschaft entwickeln Gier auf immer Neues und immer mehr. Technik und Effizienz ist die Maxime und Antriebsfeder der westlichen Moderne.

Die Modernisierung brachte dem Menschen materiellen Wohlstand und eine höhere Lebenserwartung, aber auch Einsamkeit und Leere. Im Zuge des Versuchs, alle Dinge und Erscheinungen rational zu erklären, blieb der Glaube auf der Strecke. Es macht sich ein Gefühl der Ohnmacht und der Wut breit, weil das Leben aus dem Gleichgewicht geraten ist. Es bleibt kein Platz für Glauben, Ethik und Religion. Ohne rituelles und ethisches Leben starb jedoch auch der Sinn für das Heilige. Der moderne Mensch hat das Heilige eliminiert.

Der Mensch hat die Macht und die Fähigkeit zu schaffen und zu zerstören. Die rationale Erziehung hält den Menschen nicht von Barbarei und Unmenschlichkeit ab. Die Gräueltaten des 20. Jahrhunderts zeigen was geschieht, was der technisch orientierte, effiziente Mensch anrichten kann, wenn das Heilige verloren geht.

Technik und Rationalität haben unser Leben verbessert, doch es ist ein zweischneidiges Schwert. Wir in der westlichen Welt sehen uns mit einer beispiellosen Situation konfrontiert. Wir legen unsere gesamte Schaffenskraft auf das Diesseits. Wir sind rituell und spirituell nicht auf das vorbereitet, was uns widerfahren kann: Schicksalsschläge, schwere Krankheiten und der Tod treffen uns unvorbereitet, weil wir über keine Strategien verfügen, uns dem Unabwendbaren zu stellen.

Diese fehlende Schulung des Geistes und der Intuition erschwert es uns,

---

1   Karen Armstrong: Eine kurze Geschichte des Mythos

Mitmenschlichkeit zu erkennen und unsere Selbstsucht infrage zu stellen. Wir müssen die Welt – den Menschen als auch die Natur – wieder als heilig erachten, um mit ihr zu leben, anstatt sie auszubeuten und zu zerstören.

Was bedeutet das für Führungskräfte, für Leader?

Zuallererst muss auf Basis dieser Problembeschreibung ein tiefes und reflektiertes Bewusstsein entstehen.

Das Heilige ist tot, was einst Orientierung vermittelte, ist verschwunden. Es gibt keinen Raum mehr für den Glauben. Natur und Menschen werden als Kapitalfaktoren beschrieben. Im wirtschaftlichen Lehrumfeld gilt die Umweltverschmutzung sinnigerweise als externer Kostenfaktor, während Mitarbeiter und Kapital als interne Kosten bezeichnet werden.

Die Leader müssen sich spirituell entwickeln: Eine Führungskraft muss an Werteorientierung und Verantwortung glauben. Ebenso muss sich ein ethischer Grundkonsens in der Gesellschaft entwickeln. Der Dalai Lama formulierte: „Ethik ist wichtiger als Religion."[2]

Schieben Sie diese Verantwortung nicht auf andere. Als Leader sind Sie Teil der gesamten gesellschaftlichen Entwicklung. Sie müssen eine Triebfeder des gesellschaftlichen Konsenses sein, in Ihrem eigenen Sinne und im Sinne Ihrer Mitarbeiter. Glauben Sie an die notwendige Veränderung!

4.1. Seien Sie sich im Klaren über sich selbst und treiben Sie Ihre geistige Entwicklung voran!

Um Menschen eine Orientierung geben zu können, muss man selbst über Orientierung verfügen und wissen, wo man steht. Nur wenn Sie selbst

---

2 Dalai Lama: Ethik ist wichtiger als Religion) Dem kann ich nur zustimmen

wissen, wo Sie stehen, können Sie dies auch an andere weitergeben. Diese Orientierung setzt eine spirituelle und geistige Entwicklung voraus. Zur intellektuellen und spirituellen Weiterentwicklung gibt es verschiedene Möglichkeiten, darunter Philosophie, Religion, Yoga, Meditation und weitere.

Es bedarf dieser geistigen Schulung, um eine innere Stimmigkeit als Kompass für die kleinen und großen Entscheidungen zu finden, um bei sich zu sein.

Seien Sie bei sich und seien Sie klar im Geist!

Wir müssen für uns die Frage klären, wer wir sind und was der Sinn unseres Lebens ist. Passt das, was ich tue, zu meinem eigenen Weg? Zu den von mir getroffenen Entscheidungen, losgelöst von meinem Ego, hin zu einer eigenen Bestimmung?

Bleiben Sie nicht stehen! Entwickeln Sie sich weiter!

4.2. Seien Sie jemand, an den Ihr Umfeld glauben kann!

Noch immer suchen wir die Helden der alten Mythen[1]. Hollywood, das Fernsehen und die digitale Welt zeigen uns Helden und Heldengeschichten. Die Welt ist auf der Suche nach Idolen im Sport, in der Musik oder in der Mode.

Jedoch konsumieren wir Heldentum nur, wir sind nicht unser eigener Held in unserem Umfeld, sondern nur Zuschauer. Wir sind nicht der Held der auszieht, der sich der Aufgabe und seiner Berufung stellt, daran scheitert und dann doch gewinnt, nur um gestählt zurückzukommen und seinen Platz einzunehmen. Jenen Platz, den das Leben für uns bestimmt hat – innerhalb der Gesellschaft eine wertstiftende Position zu besetzen.

Jeder Mensch kann ein Held sein, ein kleiner oder ein großer, ein bekannter

---

1 Karen Armstrong: Eine kurze Geschichte des Mythos

oder ein unbekannter. Der Heldenmythos zielt nicht darauf ab uns Ikonen zu liefern, sondern jedem das Heldentum zugänglich zu machen. Heldengeschichten laden zur Nachahmung ein.

Finden und leben Sie Ihre Heldengeschichte!

Trotz aller Probleme und Missstände in der heutigen Zeit gibt es immer wieder bemerkenswerte Persönlichkeiten, die es schaffen, das System zu verändern und anderen Menschen eine neue Orientierung zu vermitteln.

Diese außergewöhnlichen Menschen eint zweierlei: Sie haben eine Passion, für die sie eintreten und ihre ganze Energie aufwenden. Sie haben ihre Berufung gefunden. Häufig verfügen diese Menschen über bemerkenswerte Weisheit und Gleichmut. Das Materielle ist ihnen nicht wichtig, nur die Sache zählt.

Das zweite verbindende Element ist Mut. Der Mut für eine Sache einzutreten, koste es, was es wolle. Gehen Sie nicht davon aus, dass diese Menschen ihr Leben lang mutig waren. Sie haben jedoch gelernt, ihre Angst zu überwinden.

Lesen Sie Biographien heldenhafter Persönlichkeiten und lassen Sie sich inspirieren!

4.3. Lassen Sie sich nicht von der Gier überwältigen!

Ein kraftvolle Vision braucht zunächst keinen Raum und keine Zeit, sondern nur eine Idee. Finden Sie Ihre Passion, Ihre Berufung. Machen Sie das, was Ihnen Spaß macht, woran Sie Freude empfinden.

Lösen Sie ein Problem in Ihrer Community und stellen Sie sich in den Dienst der Sache. Identifizieren Sie sich mit Ihrer Idee. Werden Sie in der Außenwahrnehmung eins mit Ihrer Marke, Ihrem Produkt.

Übernehmen Sie die Verantwortung – für Ihre Mitarbeiter, Ihr Unternehmen und die Natur. Sichern Sie Ihr Auskommen, aber bereichern Sie sich nicht auf Kosten anderer.

Stellen Sie Ihre Werte und Ihre Berufung über Ihre Geldbörse und befreien Sie sich von der Gier!

Sich von der Gier zu befreien, immer etwas Neues machen zu müssen, etwas Neues haben zu müssen oder etwas sein zu müssen, einfach loszulassen, entspannt ungemein und macht frei. Befreien Sie sich!

Überwinden Sie Ihre Ängste!

Um sich von der Gier befreien zu können, müssen oftmals eigene Ängste überwunden werden. Auch hier ist wieder Klarheit ebenso wie Achtsamkeit gefragt. Was ist das, was mich Dinge tun lässt? Ist es die Angst vor materiellem Verlust, die Angst vor fehlender Anerkennung oder die Angst vor einem Machtverlust?

Stellen Sie sich Ihren Ängsten und überwinden Sie diese!

Befreien sie sich von Zwängen und selbst auferlegten Erwartungen. Mein Mentor Peter Zernisch hätte an dieser Stelle gesagt: »Wolf, Du musst immer dahin gehen, wo die größte Angst sitzt.« Angst hat jeder, Mut nicht!

»Mut bedeutet nicht, keine Angst zu haben, sondern die eigene Angst zu überwinden!«

Durch die Überwindung Ihrer Angst werden Sie frei für das Große – für Ihre Berufung.

4.4. Seien Sie fit und bleiben Sie in Form!

Gerne würde ich hier noch eine Anmerkung ganz anderer Art anfügen. Basierend auf meinen eigenen Erfahrungen stehen körperliches Wohlbefinden, Zufriedenheit und Entspannung in einem engen Zusammenhang.

»Mens sana in corpore sano!« bedeutet so viel wie „ein gesunder Geist in einem gesunden Körper".

Meine Einstellung überrascht wahrscheinlich insofern nicht, da ich bereits viele Parallelen zum Sport aufgeführt habe. Für meine Fitness trainiere ich regelmäßig meine Ausdauer durch Laufen, Radfahren und Hanball-Training. Weitere Schwerpunkte sind für mich Beweglichkeit, Motorik und Kraft durch Fitness-Training. Um mit einem positiven Schub in den Tag zu starten, sind morgendliche Meditationsübungen oder ein Spaziergang mit meinem Hund sehr hilfreich.

Bin ich immer total konsequent? Leider nein, ich gebe aber mein Bestes!

**Hilfreiche Tipps
zum Thema:**

Entwickeln Sie Ihren Glauben!

Entwickeln Sie Ihren Glauben!

Seien Sie bei sich und seien Sie klar im Geist!

Entwickeln Sie sich weiter!

Finden und leben Sie Ihre Heldengeschichte!

Lesen Sie Biographien heldenhafter Persönlichkeiten und lassen Sie sich inspirieren!

Stellen Sie Ihre Werte und Ihre Berufung über Ihre Geldbörse und befreien Sie sich von der Gier!

Stellen Sie sich Ihren Ängsten und überwinden Sie diese!

Mens sana in corpore sano!

Nachwort zu Natural Leadership!

Mein Verständnis von Leadership mit vielen Menschen zu teilen ist für mich ein wichtiges Anliegen. Ich sehe es als meine Aufgabe an.

Wie Sie sicherlich bemerkt haben, stehen einige meiner Gedanken im Widerspruch zu anderen von mir angeführten Argumenten. Eben das ist die Schwierigkeit in der täglichen Führungsarbeit.

Es gibt keine allgemeingültige Schablone, die sich in jeder Situation gleichermaßen anlegen lässt. Sie werden immer wieder auf neue Konstellationen treffen, denn jede Situation, jedes Unternehmen ist anders.

Vertrauen Sie Ihrem Bauchgefühl!

Die Essenz meiner Erfahrung als Führungskraft ist, dass Sie als mutiger und besonnener Anführer vorangehen müssen. Für Ihre Mitarbeiter sind Sie der Ankerpunkt, Sie sind der Mensch, dem Vertrauen geschenkt wird.

Stiften Sie Orientierung und Sinn und schaffen Sie Klarheit!

Als Mensch werden Sie der Versuchung widerstehen müssen, sich von der Gier leiten zu lassen. Denn allzu schnell hat man sich selbst eingeredet, über den Dingen zu stehen.

Überwinden Sie Ihr Ego!

Stellen Sie sich in den Dienst der Sache und der Menschen, die Sie anführen. Es lohnt sich. Bleibt noch der Aspekt der Angst. Stellen Sie sich, bringen Sie die Schatten aus dem Dunkel ans Licht.

Überwinden Sie Ihre Ängste!

»Nicht wer tausend Helden auf dem Schlachtfeld schlägt, sondern nur der allein, der sich selber besiegt, ist ein wahrer Held!«[1]

Zum Abschluss nun noch ein bislang unerwähntes Argument, das jedoch über allem steht:

Die Familie ist wichtiger als das Business!

»Das Erste, das der Mensch im Leben vorfindet, das Letzte, wonach er die Hand ausstreckt, das Kostbarste, was er im Leben besitzt, ist die Familie.«

Adolph Kolping

In diesem Sinne: Viel Spaß beim Anführen!

---

[1] Hinnerk Polenski: Die Linie im Chaos - Zen, Ethik, Leadership: Ein Leitfaden für Verantwortungsträger

Literaturverzeichnis

Dalai Lama: Ethik ist wichtiger als Religion, Wals bei Salzburg, 2015

Frederic Laloux: Reinventing Organisations, München, 2015

Hinnerk Polenski: Die Linie im Chaos – Zen, Ethik, Leadership: Ein Leitfaden für Verantwortungsträger, Bielefeld, 2010

Karen Armstrong: Ein kurze Geschichte des Mythos, Berlin, 2005

Peter Zernisch: Markenglauben managen, Weinheim, 2003

Robert S. Kaplan, David Norton: Balanced Scorecard: Strategien erfolgreich umsetzen, Stuttgart, 1997

Rolf Dobelli: Die Kunst des klaren Denkens, München, 2011

Rolf Dobelli: Die Kunst des klugen Handelns, München, 2014

Impressum

© 2016 Wolf Lüdge

Lektorat: Britta John

Covergestaltung, Layout: Miriam Gückel

Herstellung und Verlag:

BoD - Books on Demand, Norderstedt

ISBN 978-3-74-310132-6 Printed in Germany

Lightning Source UK Ltd.
Milton Keynes UK
UKHW010627200621
385805UK00001B/347